「やめる」という選択

Madoka Sawa
澤円
元日本マイクロソフト業務執行役員
株式会社圓窓代表取締役

日経BP

はじめに　目の前のことに追われ続けているのに「全部、手放せない」あなたへ

「やめる」

この言葉を聞いたとき、あなたはどんな印象を持ちますか？　「あきらめる」「断念する」「失う」に似たとらえ方をする人は、案外多いのではないでしょうか。

本書は、この「やめる」という言葉をネガティブにとらえて、心をざわつかせてしまっている人のためのものです。

なんとなく時代の変化に置いていかれるような不安を抱いたり、これまでうまくいっていた自分のやり方をちょっと苦しく感じたり。あるいは、いまの仕事にどこか違和感を覚えている。

目の前のことに頑張って取り組んできたはずなのに、気づけばそれほど好きでもない仕事や生活に埋もれている自分がいる。

「これじゃいけない！」と新しいスキルを身につけようとしても、毎日が忙し過ぎて時間が足りず、かつてのようなエネルギーも湧いてこない……。

そんなことを感じている人は、いま、たくさんいるようです。多くの人が「やめる」を極端に、そしてネガティブに考えていて、「0か100か」「身も心もささげるか、さもなくば去るか」「敵か味方か」のような対立軸にしばられてしまっています。そんな、**「こうあるべき。さもなくば……」という思い込みから、自分を解放していただきたい。本書でお伝えするのは、そのための「やめる」という方法論です。**

もちろん、そうした思いの底には**「人生をよくしていきたい」「あきらめたくない」「もっと自分らしい生き方があるはずだ」という、前向きな気持ち**があると思います。

でも、いざ行動しようとすると、いろいろな障壁に阻(はば)まれてなかなかうまくいかない。

それはいったいなぜなのでしょうか？

その理由は、長年にわたって気づかないうちに抱えてしまった、**人生の「埋没(サンク)コスト」**

にあると僕は見ています。

埋没コストとはなにか？　埋没コストはそもそも経済学の概念で、「ある経済行為に対して、どんな意思決定をしても回収できない費用」を指します。また、その経済行為をずっと続けていると、損失がより拡大するおそれのあるコストのことです。

本書ではこの概念をキーワードとして援用していますが、簡単にいうと、過去にうまくいった考え方や方法を続けているうちに、思考パターンがその過去に固定化されるということ。その結果、いつの間にか過去の延長線上でしかものごとが考えられなくなる状態を指します。

これを僕流に言い換えると、**「せっかく〇〇したのだから」という言葉で表せる思考や行動パターン**になります。

「せっかくここまで頑張ったのだから」

「せっかく大企業に入れたのだから」

「せっかく続けてきたのだから」

こうした思考がまるで〝重し〟のようにのしかかり、気づかないうちに、あなたの人生を停滞させるコストに化けてしまっているのです。

そこで僕は、そんな「頑張っているのに、なぜかうまくいかない」と感じている人たちに向けて、自分の埋没コストを見つけ出し、それをなくしていくお手伝いをしたいと考えています。その際にキーとなる思考と行動が、まさに「やめる」という選択なのです。

僕たちはもっと、「やるべきこと」から自由になっていい

「やめる」というのは、別に難しいことではありません。たしかに、これまでずっと続けてきたなにかを一気に変えることは大変ですが、心にのしかかっていた〝重し〟をひとつずつ、少しずつ取り除くようにやめていけばいいのです。

たとえば、ふだんの行動を振り返る時間をつくり、「とくにやらなくてもいいかな」と思うことを洗い出して、そのなかのひとつだけをやめてみる。

それは、苦手な仕事をほかの誰か得意な人にお願いすることかもしれないし、義務感から出席していた定例の集まりを1回だけ約束しないことかもしれません。**自分ができる「小さな行動」から、はじめていけばいい**でしょう。

はじめに

なにを、どのようにやめていくのかについての具体的方法は本書でたっぷりと紹介しますが、大切なのは、**これまであたりまえのように続けてきたなにかを「やめる」と決め、行動を根本的に変えていくあなたの姿勢**です。

これまでと同じことをしていれば、いつまでも同じままでなにも変わりません。いや、埋没コストである以上、どんどん状況が悪化していく可能性があります。

これまでの人生に「埋没」してしまう前に、いまこのタイミングで、これまでとはちがう思考・行動に変えていく必要があるのです。

「やめる」という選択をすると、新しい自分と出会えます。その新しい自分とは、**毎日をワクワクして過ごせる自分**です。**本当に好きなことをしながら、充実感に満たされて1日を終えられる自分**です。**多様な人たちとフラットに関わり合いながら、豊かな時間を過ごせる自分**――。それこそが、あなたの「幸せな生き方」につながっています。

僕は、そんな人生は誰にだって手に入れることができると信じています。

一度きりの人生を存分に味わい尽くすために、「やめる」ことを堂々と選択していきましょう。

contents

はじめに
目の前のことに追われ続けているのに「全部、手放せない」あなたへ 001
僕たちはもっと、「やるべきこと」から自由になっていい 004

序章
自分に〝バカ正直に〟生きる方法
——「やめる」という選択
パンデミックがもたらした変化の本質 016

第1章

人生の「見えない重荷」を〝見える化〟する

世界はもう、「元には戻らない」 019
行動した人間にしか気づけないこと 021
コロナ禍が「思考停止」を引き起こした理由 024
行動のヒントは「自分だけの体験」にある 027
〝一歩を踏み出したもの勝ち〟〝やったもの勝ち〟の時代がやってきた 029
人生のあらゆる停滞を生み出す「埋没コスト（サンク）」とは？ 036

「使っていないのに捨てられないモノ」もまた、人生の埋没コスト 039
属性だらけの人間関係にノー！ 045
判断基準は「好きかどうか」でいい 049
「自分というOS」を思いきってアップグレードしよう 052
いまあるスキルも、アップグレードして「センス化」できる 056
スキルの掛け合わせは「和風たらこスパゲティ」で 062
「自分をオープンにできる人」に人は集まる 065
「向いていない仕事を続ける」は紛れもないコスト 069
「べき」は、思考を固める呪いのワード 072
不安に襲われたときは、「コントロールできる・重要なこと」に集中しよう 077
それは、「澤さんだからできる」こと？ 080
「小さなひと振り」の心の準備――〝夢のようなこと〟を妄想しておく 084

「やめる」がはじまり。いい流れを生み出そう　087

第2章 「自己中」戦略で豊かに生きる

ウィズコロナ時代の武器――「自己中」なセンスのつくり方　092
みんな、もっと「自己中」に生きていいんじゃない？　096
「自己中」よりたしかなものは存在しない時代へ　099
「好きなこと」「やりたいこと」が自信を育てる　102
スティーブ・ジョブズやビル・ゲイツを支えた「ひとりの熱狂的ファン」の力　106
「自己中」の思考モデル――「他者の尊重」と無理なく両立できる理由　111

3次元のイメージがもたらす「思考の奥行き」 118
自分のまわりを好きなものでいっぱいに 122
なぜ、他人とうまくやっていくために「自己中」が不可欠なのか 126
自分発信の「GIVE」からはじめよう 130
「過去」がいまの自由を奪う 134

第3章 「やめる」技術

『人間関係』「心地よい関係性は変わりゆく」ことを前提に考える 140
コスト化した人間関係を「やめる」①：約束の頻度を減らしていく 143

②：「みんなが集まる機会」に約束をする 146
③：人間関係はリソースではなくリレーション 147
④：ボランティアで「GIVE」を練習する 151
『仕事』「貢献」を軸に、仕事の重要度を意識する 154
コスト化した仕事を「やめる」①：「優先順位」はあらかじめ決めておく 157
②：「やらなくてもいいこと」を一切しない 160
③：不得意なことは思いきって人に任せよう 163
『モノ・お金・時間』判断基準は「豊かな時間」 167
コスト化したモノ・お金・時間を「やめる」①：「ふだんの時間の使い方」を意識しておく 171
②：「幸福の解像度」を上げる 173
僕が23年、マイクロソフトに勤めて抱えていた「埋没コスト」 176

『固執・古いやり方・成功体験』目的に対して徹底的に焦点をあてる 180
固執・古いやり方・成功体験を「やめる」：やってみてはじめて質問が具体化する 182
『夢・目標』「全力でやってきたこと」のとらえ方を変える 184
コスト化した夢・目標を「やめる」①：1本足打法はコスパが悪い 189
②：「後悔するかどうか」で決める 193
③：才能はマッチングに過ぎない 195

第4章 「ありたい自分」になる

ありたい自分は「マイブーム」の先にある 200

いまの僕は「ぼけっとする」ことが幸せ。では、あなたの幸せは？ 203
何歳になっても「あこがれ」を持ち続けること 206
僕は「他人からどう思われるか」をこうして捨ててきた 210
働くのは、「ありたい自分」になるための手段 213
劣等感の強い人こそ、「他人をほめて」ほしいわけ 215
あとは、とにかく打席に立て！ 217
いまやりたいことに、正直に 221
「フラットに接する」は最強の切り札 223
自分史上最高の「新しさ」を探そう 227
僕がいま、20代の自分に伝えたいこと 229
他人の考えを軸にするのは「やめる」 232
決めつけや思い込みで、自分で視界を狭めるのを「やめる」 235

おわりに　自分が思う道を進め　238

序章

自分に〝バカ正直に〟生きる方法
――「やめる」という選択

パンデミックがもたらした変化の本質

「新型コロナウイルスで世界が変わった」

いま多くの人はそう感じているし、そのような言葉をメディアなどでも頻繁に目にし、耳にするようになりました。

では、いったい世界の〝なに〟が変わったのでしょうか。僕たちは、どのように変わってしまったのでしょう？

僕たちがふだん暮らしている場所や街並みが、以前と比べてどうなったのか、少し思い出してみてください。おそらく、ほとんどの景色は大きくは変わっていないはずです。たしかに新型コロナウイルス感染症の拡大以降、外を歩く人の数は減りました。また、ほとんどの人がマスクをし、屋内の施設に入ると消毒液が目に入り、人々は距離を空けて並んだり座ったりしています。窓口にはアクリル板が立てられるようになりました。こうして数え上げてみると、以前と比べて変わった面はいろいろありそうです。

それでも、僕たちが街を見たときの景色やありようは、さほど大きくは変わっていません。消毒薬もマスクも別に目新しいものでもなければ、アクリル板も銀行や病院にはむかしからありました。ひと目見たときの「街のありよう」は、以前と比べてそれほど劇的に変わってはいないのです。

僕はその事実が、現実を把握するためのひとつの手がかりになると考えています。

では、いったい〝なに〟が変わったのか？

それは、**僕たちの意識**です。

パンデミックという、全世界を同時に巻き込む災厄(さいやく)が起きたという事実。それに対し、免疫を持たなかった人類が、なすすべもなくマスクに救いを求めたときに感じた不安と恐怖。あたりまえに享受していた自由が、半ば強制的に制限させられる無力感。世界ではアジア人に対する偏見や差別、暴力が生まれ、国内でもマスクをするしないや、県をまたぐ移動などについて、むなしいいがみ合いが生じました。

ウイルス、偏見、差別、格差、そして暴力……、そんな**見えないものに対する不安や恐怖が潜在意識に埋め込まれ、僕たちの世界は無意識のうちにまた一歩、分断へと進んでし**

まったのだと思います。

ひとつのパンデミックが終息すれば、以前とまったく同じような生活に戻れるかというと、その可能性は低いといわざるを得ません。

もちろん、パンデミック以前にあたりまえだった行動は、ある程度、戻ってくるでしょう。ただ、僕たちは心理的になにを気にすることもなく、以前と同じように気軽にいろいろな国へ旅行することができるでしょうか？

人が密集する場所に出向き、そこで思いきり騒いで盛り上がることはできるでしょうか？

祭りやイベントなどを以前と同じように楽しめるでしょうか？　会議室や通勤電車で、長時間、人と密接した状態でいられるでしょうか？

もちろん、そのような営みはなくなりません。しかし、僕たちは無意識のうちにそうした状況をなんとなく避けながら、ふだんどおりに働き、生活していくはずです。

それにともない、生活様式や仕事のあり方が変わっていくでしょう。そして、そんな世界にも僕たちはやがて慣れていく。

しかし、ここで重要なのは、たとえその**新しい生活様式に慣れたからといっても、「この世界が元に戻ったわけではない」という厳然たる事実**のほうです。

世界はもう、「元には戻らない」

全世界を巻き込んだ根本的な変化、いわゆる**グレート・リセットは、実はいまから25年ほど前にも起こりました。それは、インターネットの登場**です。

今回のパンデミックと同じように、インターネットの黎明期(れいめいき)も、僕たちの目の前の景色はそれ以前の時代と比べて、さほど変化はありませんでした。しかし、次第に家庭やオフィスにパソコンが設置されていき、やがてひとりにつき1台持つほどにまで普及すると、テレビ以外のディスプレイが家にある状態は常態化しました。

携帯電話を手に街角で電話する人が増え、ひとたび電車に乗ると、以前は新聞や漫画だったのが、みんなが下を向いてメールやネットサーフィンやゲームをするようになりました。携帯電話で写真を撮ることで、まったく新しい行動様式とカルチャーが次々と生まれていきました。

「見た目」が変わりはじめたのです。

インターネットは世界的に見れば急速に普及したとはいえ、一般の人々の生活レベルに関していえば、段階を経ながら変化していったため、多くの人にとって受け入れやすかったのではないでしょうか。

しかも、受け入れることにネガティブな要素がほとんどありません。それまでに比べて便利になったし、楽しみが増え、クールなイメージもありました。

僕たちは、グレート・リセットを前向きに受け入れることができたのだと思います。

しかし、25年後の今回のリセットは、見た目がほとんど変わらないことに加えて、生命が脅(おびや)かされ、多くの面で不自由になるなどネガティブな要素が多く、すんなり受け入れることができない変化でした。

また、一部を除き、自由と民主主義を掲げる国家ほどパンデミックの被害が大きかったのは象徴的だと思います。強権を発動できる国家ほど、感染をコントロールできた事実があり、世界は再び理念と理念が激しくぶつかり合う様相を呈しはじめています。

そんなミクロな現象からマクロな動向に至るまで、様々なレイヤーからパンデミック後の世界を見通すたびに、僕はどうしてもひとつの結論に達してしまうのです。

「世界はもう元には戻らない」と。

行動した人間にしか気づけないこと

2020年春の緊急事態宣言下において、どうしても物理的な移動が必要な用事があり、夜に車を走らせたことがあります。すると、あれほど騒がしかった東京の夜にまったく人がいないではありませんか。それは「見た目」が変わり果てた、異常な光景でした。

僕は以前から、テクノロジーは「時間と空間の乖離を仮想的に解決する」ために存在すると、たくさんの場所で話してきました。

しかし、**新型コロナウイルスは、テクノロジーの存在意義であった「空間」についての課題解決を、ある意味で完全に破壊してしまっていた**のです。

ウイルスが猛威を振るう世界では、いくら空間を速く便利に移動できるテクノロジーを開発しても、移動自体が制限されるため、それは無力に過ぎません。

かつてより、パンデミックによる混乱を一部の学者や経営者は指摘していましたが、ほとんどの人は、それに対して準備も覚悟もできていませんでした。だからこそ、当初は空っぽの飛行機や電車が、時間どおりに空間を移動する状態が続いてしまったわけです。

ただ、インターネットによって「移動せずに仕事をする」というかたちでこの状況に対応し、人々はオンラインでお互いに時間を合わせたり、サービスを提供し合ったりしている状態です。

そんなパンデミック下の夜の東京を車で走りながら、僕は、ふと「待てよ」と思いました。この目の前の車窓に広がる光景を見て**「異常だな」と感じるのは、実際に体験した人間だけだ**ということです。

夜の街に人がいないことは、誰もが家でニュースを見て知っていたことです。でも、自分の体や感覚をとおして実感したり、体験したりしたわけではありません。しかも、家のなかの風景は以前と変わりません。せいぜい家にいる時間が長くなっただけで、**「見た目」はほとんど変わっていない**のではないでしょうか。

これは、パラドックスです。

パンデミック下の「夜の異常な見た目」を肌身で感じた人は、やむを得ない理由などで行動した人だけであり、極めて少数だろうということです。自分ひとりだけが「空間」にいる感覚は、やはり実際に体験した人でしかわからないものがあると感じます。

つまりなにがいいたいのかといえば、どんなことも「実際に行動した人間しか気づけないことがあるのではないか」ということです。

強制的にリセットされた時代においては、実際に新しい行動に踏み出し、なにかを感じたり体験したりする人だけに、新しく見出せるものがあるのではないか。そう感じたのです。

コロナ禍が「思考停止」を引き起こした理由

パンデミックという強大なリセットがかけられたにもかかわらず、それをいまだに受け入れられない人がたくさんいます。「これはたちの悪い風邪だからワクチンでそのうち元に戻る」という人もいますよね。現象としては、たしかにそのとおりです。

しかし、僕たちの意識が変わってしまった以上、世界はもう元には戻りません。そのことを実際に自分で体感し確認できなければ、世の中が根本的に変わってしまったという現実を認めるのが難しくなるように僕には思えます。

ネガティブな変化のためなのか、拒否反応や不安にとらわれるためなのか……理由はいろいろあると思いますが、いまリセットという認識が持ちにくい状況であるのはたしかなようです。すると、どうなるか？

自らの「過去」の体験の延長線でしか、ものごとが考えられなくなるのです。これを本書では、「埋没コスト」になりがちな思考として分析していくつもりです。

「これだけ頑張って築いてきたのだから」

「このやり方で何度もピンチを乗り切ってきたのだ」

このように、**とかく忘れづらく捨てにくいのが過去の成功体験**です。

ビジネスパーソン目線でいうと、過去のキャリアの延長線上に自分を置いているために、自分にリセットをかけることにいつまでも躊躇(ちゅうちょ)し、新しい一歩を踏み出せないわけです。

一例を挙げると、新型コロナウイルス感染症によって、多くの観光業や飲食業が打撃を受けました。とくにこれまで観光業が好調だったのは、増え続けるインバウンドを見込めたからでしょう。その頼みの収入源が、いきなり途絶えてしまった。成長著しいアジア諸国からの顧客がいきなり来なくなるなんて、誰ひとりとして想像もしなかったことでしょう。これは仕方がない面もあります。

しかし、**大切なのは「これからどうするか」**です。

それなのに、インバウンドのみを当て込んでビジネスをしていた人たちは、とにかく「元に戻すにはどうすればいいいか」と考えてしまう。

でも、個人や一企業レベルでいくら頑張ったところで、変わってしまった世界はもう元には戻りません。

しかも、海外から顧客が戻ってきてほしいにもかかわらず、「ウイルスはどうなるのか」「次のパンデミックはどうするのか」という問題を解消できないため、自分の信念や経営方針にも矛盾が生じます。そうして、かつてインバウンドで大きな利益を得ていたのに、「外国人禁止」「他県からの客は入店禁止」を掲げるといったゆがみが起きてしまうのです。

果たして新型コロナウイルス感染症が終息したときに、このマインドでうまくいくのでしょうか？

このように**過去の成功体験にとらわれていると、根本的な変化のときですら自分を変えることができません。**時代の変化に合わせて、自らをアップデートしていくことが難しくなるのです。

行動のヒントは「自分だけの体験」にある

では、僕たちはこれから、どのような考え方と行動をすればいいのでしょう。

自分だけの新鮮な「一時情報」を持つことができれば、たとえ難しい状況のなかでも、自ら納得できる判断をしやすくなると僕は考えています。

新鮮な「一時情報」とはなんでしょうか？

僕の知人に、山奥で野菜をつくり、野菜についてはほぼ自給自足で暮らす家族がいます。そして、その野菜を流通などに乗せずに地元の人にゆずるなどして地産地消しています。話を聞くと、自分たちで新鮮な野菜をつくっているため、スーパーで野菜を買う気になれないそう。「キャベツを買ったら、ふだん食べているキャベツの味がまるでしないので本当に驚いた」といいます。

この話を聞いたとき、僕は「それって新鮮な一次情報だよな」と思いました。

野菜を自給自足して食べる行為は、新鮮でおいしい「一次情報」を得て、最高の体験を味わっている状態です。もちろん、一次情報だからといって無条件によいわけではなく、腐っていたら意味がありません。一次情報であり、かつ「品質」を見極められると、最高のものが手に入るというわけです。

一方、スーパーで買う野菜は一定の品質が担保されています。でも、新鮮さは失われている場合があります。つまり、新鮮さを犠牲にして品質だけが担保されている状態です。また、多くの人が手に入れることができるので、特別な体験は得られにくいともいえそうです。僕は、こうしたものを「二次情報」「三次情報」ととらえています。

ここでお伝えしたいのは、**時代がどんなに変わったとしても、自分だけの「一次情報」を自ら体験し、その品質まで見極めることができる人は、いつでも最高の体験ができる**ということです。

これは、仕事にもライフスタイルにもあてはまります。多くの人は、「一次情報」から加工された情報だけを元にして、人生の大切な選択肢をあまりに判断しようとしがちなのです。

それこそパンデミックのときに象徴的だったのは、多くの人が家にこもってテレビやネットの情報だけを頼りにしたことで、買い占めやバッシングといった行動が頻発したことでした。僕はこれらの行動を見たとき、自ら外に出かけて世界の様子をこの目でたしかめることなく、誰かが加工した情報だけをベースに判断する人が多いことを再認識しました。

大切なのは、自らが判断して、体験し、自分自身で「鮮度」と「品質」を見極めることなのです。

それができる人は、どれだけ世界が大きくリセットされたとしても、自分の思考と選択に従い「新鮮でおいしい野菜」を食べながら、どこでも豊かに生きていけるでしょう。

“一歩を踏み出したもの勝ち”“やったもの勝ち”の時代がやってきた

「別にスーパーの野菜だけでいいじゃない」
「手間がかからず便利なほうがいいじゃない」

そんな人もいると思います。「二次情報」や「三次情報」だけで人生を幸せに感じられるなら、もちろんそれでいいでしょう。

ただし、インターネットをはじめテクノロジーが進化し、地球の裏側にある価値観までワンクリックでアクセスできるようになったいまの時代、僕たちは幸か不幸か、世の中にはもっといろいろな生き方や価値観があると知ってしまいました。

そんな時代に、僕は**本書を手にしているみなさんには、ぜひもっと自分だけの「一次情報」を求めて、豊かな人生へと歩を踏み出してほしい**と思うのです。

また、あくまで例えですが、選択肢が「スーパーで野菜を買うこと」だけになると、スーパーに野菜の供給がなくなった途端、なにもできなくなるリスクも生じます。そんな緊急時に、**自分だけの「一次情報」をいつでも得られる人たちは、世の中のシステムにかかわりなく、強靭なサバイバル能力を発揮できる**はずです。

もっといえば、「一次情報」のつくり方まで知っていると、いつどこにいたとしても〝自給自足〟できる態勢をつくることができます。

これこそが、大きくリセットされたこれからの時代に、豊かに生き残れるかどうかを左右するファクターだと見ています。

世の中にある多様な価値観を参考にしつつ、自分の頭で考えて、人生をデザインし、自分なりの幸せを追い求めて行動する。

そんな強くしなやかな力が、今後ますます求められるでしょう。

パンデミックを経たいま、僕たちは、誰もが成功体験や失敗体験をまだ持たない状態へと完全にリセットされました。僕は**こんな時代にこそ、「自分がこれからやることはなにもかもが新しい」ととらえていい**のだと思います。

正解のない時代においては、なにをどのようなかたちでやったとしても、すべてがあなたの新体験であり、「一次情報」になっていきます。

いわば**〝やったもの勝ち〟の時代になっている**のです。

僕は２０２０年8月まで、日本マイクロソフト株式会社に勤めていたビジネスパーソンでした。１９９７年に入社しましたから、23年にわたり所属したことになります。

そんな長年勤めていたマイクロソフト社をやめると伝えたとき、多くの知人から、

「このパンデミックの時期にやめるんですか？」

「え、もったいないよ！」

などと、とても驚かれました。先が見えない状況のなかでわざわざ会社をやめるのは、どう考えてもリスキーな行動に映ったようです。

でも、まさにそのパンデミックによって、以前からの連続性がなくなったことが見事に証明されているのです。

「同じことがずっと続くわけではない」状況においては、以前の延長線上にいれば安心と考えるほうが、よほどリスクが大きい思考だと僕には思えます。

「この時期に？」という発言がつい出てしまうほど、無意識のうちにマインドが過去の経験や価値観などに固定されて、埋没コストになっているのかもしれません。


もちろん僕は、「気に入らないなら会社をやめろ」「納得いかない人間関係はすべて整理しろ」などといっているのではありません。そうではなく、**「これまでの延長線上にいればなんとかなるだろう」と根拠なく考えたり、「あなただからできるんでしょ？」と他人**

事のようにとらえたりして思考停止するマインドにこそ、警鐘を鳴らしているのです。

僕がこれから書いていく「やめる」ための考え方は、**いまあなたがどんな状態であっても、その地点から、自分の足で自分の道を歩いていくために、必ず活かせる**ものだと考えてみてください。

ちがう言い方をすれば、**実際になにか（会社、人間関係……）をかたちとしてやめなくても、自分のマインドのなかで「やめる」ことだって、僕はできると思っています。**

まずはいまここにいる場所で、自分のなかにある常識やルール、固執や先入観、過去の成功体験……などを一度忘れることから、新しい人生をはじめていきませんか？

最初の一歩がなかなか踏み出せないという人にとっても、次章から紹介する内容はきっと役に立つはずです。

僕はかつて出した著書のなかで、「常識に縛られたら思考は停止する」と書きました。

パンデミックによって仕事や生活の前提条件が変わった世界で、僕たちはこれまで以上に

「あたりまえ」を疑い、自分の新しい価値を築いていく必要があります。

ものごとの本質を摑(つか)むことは、「デザイン」する能力ともいえ、視野を広げると、働き方にとどまらず「自分の人生をどう豊かにデザインするか」という視点につながります。これからは、この**「自分で人生をデザインしていく力」**がとても**重要になる**と見ています。「あたりまえ」を疑う力が大切なのは、今後も変わりません。でも、**疑うための前提自体がリセットされた以上、これからは一人ひとりが自分の人生を新しくデザインし、創造していく力が必要**です。

僕たちはもはや、あたりまえを「疑わざるを得ない」時代に生きているのです。

いまこそ、**自分に「バカ正直」に生きるとき**です。

自分だけの一次情報を手に、自分で思考して、行動し、自分が思う道を進んでいく。この最高のタイミングに、勇気を出して最高の一歩を踏み出しましょう。

第1章

人生の「見えない重荷」を〝見える化〟する

人生のあらゆる停滞を生み出す「埋没コスト（サンク）」とは？

「はじめに」でも書きましたが、埋没コストとは経済学の概念で、「ある経済行為（投資、生産、消費など）に支出した固定費のうち、どんな意思決定（中止、撤退、白紙化など）をしても回収できない費用」を指します。

そして、それまでに費やした資金や労力や時間が惜しいがために、その経済行為を続けてしまい、損失がより拡大するおそれがあるコストのことです。

これを僕流に言い換えると、**「せっかく○○したのだから」**という言葉で表せる思考と行動になると考えています。

みなさんは、次のような言い方を、自分でも気づかないうちに口にしていませんか？

「せっかくいい大学に入ったのだから」
「せっかく希望する会社に採用されたのだから」
「ここまで同じ会社で頑張ってきたのだから」

はっきりいえば、このような考え方すべてが、**自分でも気づかないうちに「あなたのコストに化けていませんか?」**と本書では問いかけたいと思います。

たとえば、「会社をやめたいな、でもやっぱりやめるのはもったいないかな」と考えるとき、その「やめない」と判断した理由が、「せっかく入ったのだから」ということだけなら、これはもう「やめてしまったほうがいい」状態なのだと思います。なぜなら、少し極端かもしれませんが、その会社に入社した時点である意味では目標を達成しているからです。それ以上、その会社にい続ける理由がないともいえますよね。

ある会社に入社したという事実が決断の大きな理由になるのなら、それは失うことをおそれるだけの状態であり、ただの埋没コストになっています。

もちろん頑張って希望の会社に入社したわけだから、自分を否定する必要はありません。**自分の心のなかの「思い出箱」に、その会社で得た経験を大切にしまって、次の道へ進めばいい**のです。

埋没コストになるのは、自分が置かれる立場や属性だけにとどまりません。

よくあるのが、先に書いた**「あれだけ頑張ったのだから」という気持ち。**これも場合によって、その多くが埋没コストに変わってしまいます。

なにかの仕事を与えられて、その仕事に歯を食いしばって取り組み、頑張って乗り越える。そこで得た**小さな成功体験ですら、油断しているといつの間にか埋没コストに化ける**場合があります。

自分の成功体験を、自分のなかだけの誇らしい思い出として持つのはいいですが、**常に自分をアップデートしていく意識がなければ、自分が誇りとしてきた過去の価値観に、いまの自分が簡単に固定されてしまいます。**

そうして少しずつ成長が止まり、人生を豊かにするための大切な時間の使い方ができない状態になっていくのです。

あげくは、「いいか？　俺が若い頃はな……」と、部下や後輩たちに言い出しかねません。あなたのまわりにも、このような成長と思考が停止し、ただ部下の邪魔をするだけの上司はいませんか？

これはとても恐ろしい状態で、本人はただ一生懸命に頑張ってきただけかもしれないのです。与えられた仕事に対し、精一杯応えようとして努力して、いつの間にかその努力の証である成功体験を、自分の価値観とアイデンティティーの「よすが」にしてしまう。

これこそが、僕がいう人生の「埋没コスト」に縛られている状態です。

僕は、こうした人たちが、過去になんの意味もないことをしていたといっているのではありません。若い頃は頑張っただろうし、それぞれの場所で社会を支えたのだと思います。

しかしいまこの時代に、「自分をもっと成長させていくんだ！」「新しい未来をつくっていくぞ！」という意志がないのなら、みんなの邪魔ばかりしていないで、「お願いだからじっとしてほしいな」と思ってしまうのです。

「使っていないのに捨てられないモノ」もまた、人生の埋没コスト

「わたしはそんなことは思わないし、してもいないから大丈夫」

そう思った人もいるでしょう。でも、**人生の「埋没コスト」は仕事だけでなく、実は生**

活のあらゆる場面に潜んでいます。

たとえば、買ったままで「ずっと使わずに置いてあるモノ」はどうでしょう？　モノの場合も、買った時点、もしくは少しだけ使った時点でなんとなく満足してしまい、そのあとまったく使わないことは起こりがちです。本当なら実際に使っていくからこそ、自分を成長させたり、生活が便利になったりするわけですが、買った時点の満足感だけで役割を終えてしまうわけです。

数年着ていないコート、あまり使わなかった電化製品、本棚に並べているだけの本……。少しでも楽しんで人生が豊かになったのならいいけれど、典型的な埋没コストは、買ったのに使っていない資格試験の教材やダイエット器具など、「うまくいかなかった記憶」がたっぷり詰まっているモノたちです。

人間とは不思議なもので、そんな**ネガティブな気持ちを思い出させるモノに限って、捨てられない**ようです。それにはいろいろな理由があると思いますが、僕の考えは、やはりモノというのはあくまで自分を成長させたり、便利にさせたりするための「道具」だということです。

つまり、「その教材で英語が話せるようになった自分」「そのダイエット器具でやせた自分」をイメージするのはいいのですが、あくまでそれらは道具であり、それらを使って変わっていくのは自分自身のはず。

にもかかわらず、**そんな道具に自分の思いや理想の姿を預け過ぎてしまうため、うまくいかなかったときでも、ずっとそのイメージを抱き続けてしまう。**そして、まるで重しのように、あなたのこれまでの人生に「埋没」させてしまうのです。

もちろん、「使っていないものは全部捨てろ」などといっているのではありません。見ているだけで楽しくなったり、そこに存在しているだけでワクワクしたり、うれしさがこみ上げてきたりするモノはあるはずです。ときどき取り出してみて、心が静かに満たされていくようなモノもきっとあるでしょう。

そんな気持ちになれるならいいのですが、

「これ、高かったしな」

「せっかく買ったんだから」

「捨てたらもったいないよな」

という気持ちだけで持っているのなら、それはもう手放したほうがいいのではないかな、と思います。それこそ写真を撮るなどして、きちんと「思い出」に変えていけばいい。

かくいう僕自身、実はずっとモノが捨てられない人間でした。とくに仕事柄、最新のデジタル製品に触れておく必要があり、気になるデジタル製品はなるべく購入していましたが、ご存じのようにデジタル機器の世界は、まるで雨後のたけのこのように新製品が登場します。

しかも悩ましいのは、**デジタル製品というのは、ある日いきなり使えなくなるのではなく、「時代遅れになる」**のです。

つまり、モノとして不便にはなっても、「使えなくはない」「工夫すればまだ使える」という状態になるということ。

最新のデジタル製品を使うのが僕の目的だったので、次の新製品を買えば古い製品はあまり使わなくなりますが、別に「使えなくなる」わけではないので、つい、

「捨てるのはもったいないな」

「なにかに使えるんじゃないかな」

と、思ってしまうのです。

まさに、これが僕にとっての「埋没コスト」でした。このコストを抱えることで、仕事の質や効率が落ちるなどのデメリットはありませんでしたが、家のなかに少しずつたまっていく「使わないデジタル機器」が、どこか**自分のマインドの重荷**になっていたのは間違いありません。

でも、最近になって、僕はこうした埋没コストをうまく解消できるようになりました。どうしたかというと、**一気に捨てるのは気が重いので、人にあげはじめた**のです。

これは、人によってはネットオークションなどでいいと思いますが、僕がやったのは、自分のオンラインサロンでオークションをすることでした。持っていたITガジェットを20点ほど大量に出品し、オークションで得たお金はすべて寄付することにしました。

こうすることで、僕とゆるくつながっている人たちにモノを渡すことができ、機会があれば、その後のストーリーも知ることができます。

そして面白いことに、実際にいろいろな情報が集まってきたのです。

たとえば、コンパクトデジタルカメラをオークションに出したときは、正直なところ「こんなの使う人いるのかな?」と思いました。でも、キヤノンのIXYという性能自体は優れたもので、まだしっかりと動きます。スマートフォンのほうが断然に手軽できれいに撮れるため、「さすがにこれをほしがる人はいないかな」と思いながらも、ダメもとで出品したのです。

すると、ほしいという人が複数人出てきて、落札した人に理由を聞くと、子どもの修学旅行で使いたいとのこと。その小学校には通信機能がついた機器を持っていってはいけない規則があり、かといっていまさらコンパクトデジタルカメラを買う気になれず、「こんな値段で手に入るのならありがたい」ということでした。

これには驚きました。

自分には思いもよらないニーズはあるもので、自分の埋没コストが、幸運にもほかの人のリソースに変わったわけです。思えば、シェアリングエコノミーは、そもそもこんな部分に発想の原点があるのでしょう。

モノを捨てるのはちょっとつらいと感じる人や、モノの埋没コストに思い当たる人は、ぜひ誰かほしい人を探して、その人に「受け継ぐ」ことができると知ってほしいと思います。

属性だらけの人間関係にノー！

埋没コストは「人間関係」にも生じます。これについては、感覚的につかめる人も多いかもしれません。

まず、**対象となる人そのものではなく、その人の属性のほうに目がいくような人間関係は、正直なところ整理しても構わないと考えます。**

ビジネスにおいては、属性を重視して付き合う人は往々にして存在します。「〇〇グループの本社に勤めている」「あの人は本部長だから」「この人と付き合っていると営業成績にプラスになるかも……」

そんなビジネス上のメリットで人と付き合うことは、よくあることだと思います。

「別にいいんじゃないの？　仕事で関わる人すべてと親しくなるわけでもないし、仕事の関係ってそういうものでしょ？」と、思う人もいるかもしれません。

でも、それはちょっと甘い。

なぜなら、**あなたのもっとも貴重なリソースである人生の「時間」を、好きでもない人に使っているから**です。この損失は、本当に計り知れません。

もちろん、いま現在関わる仕事の案件において、大切にしたほうがいい人間関係はあるでしょう。ときには、決定権がある人と近づいておくことは、仕事をうまく進めるうえで役に立つこともあると思います。

でも、いま取り組んでいる案件が終われば、また別の案件がはじまります。そして、次の仕事でもまた、別の属性を持つ人が現れるのではないでしょうか。

また、仕事で関わる人がまったく変わらない場合は、なおさら上司や得意先など決定権がある人が常に近くにいて、あなたを振りまわしてしまうこともあるでしょう。

なにがいいたいのかというと、**「仕事だから仕方ないでしょ」といっているうちに、あなたが自分のために使えたかもしれない人生の時間が、着実に減っているということです。**

さらにいえば、自分のリソースを自分でしっかり守る必要があるのは、属性重視の人間関係は往々にしていつまでも続いていくからです。よくあるパターンは、「あのときお世話になったから」「いいお客さんだったから」という関係。要するに、ひとつの案件が終わっても、属性だけの付き合いはいつまでも続きがちだということです。

そして、**それらすべてが、気づかないうちに埋没コストになっていきます。**

ちなみに、そんな人間関係を続けていると、あなたのまわりにいる同僚や部下たちも、同じような関係性を相手に求められて困ったことになるかもしれません。

また、もっとも恐ろしいのは、そうした人間関係にもまれて次第に慣れていくと、いつの間にか、**自分自身がそんな属性を軸にした関係を相手に求めはじめるかもしれない**ことです。

よく、部署が変わったり退職したりした途端に「年賀状が来なくなった」「あいつは恩知らずなやつだ」などと文句をいう人がいるようですが、それはあたりまえですよね。なぜなら、ひとりの人間としてではなく――わかりやすくいえば、名刺に書かれた会社名や役職といった「記号」として付き合われていただけだからです。

読者のみなさんには、絶対にそんな存在になってほしくないと思います。

僕は営業の仕事をしていたので、これまで仕事でいろいろな人にお会いしましたが、なかには、自分が「営業される」立場であることに優越感を持つ「勘違い」している人もいました。

彼ら彼女らも、きっと新人の頃はそんなことはなかったのです。でも、**自分に与えられた「記号」に染まって生きるうちに、本当に「記号」と化してしまった**のかもしれません。

僕はいま、そんな人間関係を終わらせる絶好の時代が来たと確信しています。なぜなら、たとえばリモートワーク、そしてソーシャルディスタンスが浸透したことで、それまであたりまえに行われていた会社の飲み会や接待などが激減しているからです。

「せっかく希望の会社に入ってできた人間関係だから行かなきゃ……」と思って、これまで**楽しくもない飲み会に行っていたのなら、それはまさに自分の人生がよくわからない人間関係のなかで埋没していた状態**です。

でも、本当に自分にとって大切なものをしっかり見据えて、「これは人生の時間を使ってまで行きたい場所じゃない!」と思うなら、ほかの選択肢を考えられる環境が少しずつ整いつつあるのです。

多くのビジネスパーソンは、嫌々続けていた人間関係の重荷になんとなく気づいているはずです。そこで、いまのタイミングを最大のチャンスととらえて、ぜひ埋没コスト化した人間関係をきっちり整理することをおすすめします。

判断基準は「好きかどうか」でいい

仕事のなかで生じる埋没コストは、ある程度キャリアをつくるためには必要だと自分に言い聞かせている人も多いように感じます。それが、先に書いた「仕事ってそういうものでしょ?」「社会人ってそういうものだよ」という言葉に表れています。

「給料をもらっているのだから、多少嫌なことも我慢して働こう。生活のためにも必要だし」

そう考えると、会社で働くことで大切な「利益」を得ているように思えますが、人生の時間の使い方に制約を受けているのなら、それはやはりコストとしてとらえ直したほうがいいでしょう。

我慢することで得た給料や福利厚生などと、人生の時間は切り離して考える必要があるのです。

あくまで大切なのは「時間」であり、あなたの「クオリティ・オブ・ライフ（ＱＯＬ）」です。**「自分の人生が豊かになるかどうか」「好きかどうか」を最大の基準にして、すべてのことを判断することが大切**なのです。

「いくら稼げるのか」「どれだけ社会的地位が上がるのか」といった基準を無条件に追求するのではなく、クオリティ・オブ・ライフを上げていくうえで、どれだけ自分の利益になり得るのかで考えること。クオリティ・オブ・ライフに照らしてみれば、これまで給料をもらって働いてきた自分のあり方自体が、埋没コストになっている可能性もあるということです。

本書では、**みなさんに「やめる」という選択肢を持つことをすすめていきます**が、自分が過去にやってきたことを「利益」ととらえていたら、なかなか「やめる」行動には踏み出せなくなってしまうでしょう。

ところで、話は飛びますが、みなさんは「こんまりメソッド」を知っていますか？こんまり（近藤麻理恵）さんはなにかを整理するときに、「ときめく」というキーワードで判断します。たとえば、モノを捨てるか捨てないかを決めるとき、自分にとって「ときめくモノかどうか」で判断する。これを聞いたとき、「なんだか僕と似ているな」と感じました。**ときめくというのは、自分の「クオリティ・オブ・ライフに貢献している」状態**だと思ったからです。

役に立つとか、いくらで売れるかといった具体的な効果に比べて、「ときめく」というのは少し抽象的な気持ちです。しかし、**いくら値段が高くて一般的に価値が認められたモノであっても、自分がときめかなければ持っていても仕方ありません。**

先に書いたように、僕はもともと、「まだ使うかもしれない」と思ってずっとモノを取っておくタイプの人間でした。「いつか役に立つかもしれない」といいながら、過去に買ったものを溜め込み、捨てないための言い訳にしていたのだと思います。

最近ようやく呪縛から脱したわけですが、その過程を経て感じるのは、やはり**過去にどれだけいいことがあっても、いま現在、心がときめかなければ、それはいつの間にか埋没コストになってしまっている**ということです。

同じように、いままで同じ会社で頑張って働き、たくさん給料をもらったり、利益を得たりしていても、それは仕事の対価（報酬）として給料をもらったという事実だけであり、すべては過去の話です。

そうではなく、いま現在の自分は、その仕事でどれだけときめきを感じているのか——。**自分が行うことはすべて、「自分の人生が豊かになるかどうか」という判断軸で決めたほうが、ゆくゆくは幸せな人生につながるし、結果的に周囲の人ともいい関係を築ける**と僕は考えています。

「自分というOS」を思いきってアップグレードしよう

「自分のクオリティ・オブ・ライフを上げていく」という視点に立つと、やはり自分を根本的に変えていく姿勢が欠かせません。この変化し続ける時代のなかで、ずっと同じことをしているだけで満足できる人は、ほとんどいないのではないでしょうか。

そこで僕は、これまでもいろいろな機会に、**「常に自分をアップデートしよう」と伝えてきたのですが、ポストパンデミック時代の働き方やライフスタイルを考えたとき、もはや「アップグレード」という言葉に変えたほうがいい**と感じています。

過去の自分の考え方やあり方を一度リセットして、マインドセットをアップグレードする必要があると思うのです。

ＩＴ的な観点でとらえるとわかりやすいですが、アップデートというのはＯＳの修正・改善などを指し、アップグレードはＯＳそのものの入れ替えです。つまり、**過去の延長線上で「もっとよくしよう」「もっと頑張ろう」と考えるのではなく、自分というＯＳを根こそぎ入れ替えるくらいの感覚で行動していい**のだと思います。

自分をアップグレードしていく感覚を持つには、まず「自分が外からどう見えているか」をとらえる視点が必要です。

ここで注意したいのは、**自分をアップグレードするために客観的な意見を取り入れようとすると、かえって「元に戻そう」とする意見が集まってくる**場合があること。これは当然といえば当然で、アップグレード前の人間関係のなかで、意見を聞いてしまうからです。

これを僕は、**「他者からの埋没コストの呪い」**などと呼んでいますが……、わかりやすい例として、**「親ブロック」**というものが挙げられます。

みなさんは転職などの面接をするのに、企業側から見て最悪のタイミングはいつか知っていますか？

それは年末です。なぜなら、たいていの場合、仕事は年が明けてから新しくはじまりますが、そのあいだに正月を挟むため、実家に帰省した折などに「そこはやめておけ」と親や親戚に止められる機会が増えてしまうからです。

これは笑い話のような本当の話ですが、僕の知り合いが、かつて僕が働いていたマイクロソフト社に転職が決まったとき。その人は、もともと大手通信会社の関連会社にいたのですが、実家に帰省して「マイクロソフトに転職する」と伝えると、親戚たちから一様に、「なに？　マイクロソフト？　そこは儲かっているのか？」

といわれたそうです。

そこで、

「まあ、それなりに……」

と答えたところ、

「そんなわけわからん会社に行くな！　どうせやめるなら公務員にでもなれ！」

と、たしなめられたというのです。これは極端な例ですが、「うーん、いわれてみればそうかも……」と自分でも迷ってしまうような微妙なラインは多々あると思います。

自分でも少しぼんやりしていて、明確に「いやちがうよ」と否定するほどではない場合、**ついつい迷ってしまって自分の人生の時間をロスしてしまうシチュエーションが、身のまわりにはたくさんある**のです。

せっかく自分を根本的に変えようと決心しても、むかしからの人間関係における意見というのは、あなたの変化をネガティブにとらえる可能性が高くなります。

もちろん、家族や知人と疎遠になる必要はありませんが、少なくとも自分のクオリティ・オブ・ライフを上げるためには必ずしも有用ではないと感じるのであれば、積極的に意見を聞いたり、関係を維持したりする必要はないでしょう。

あなたが、自分のクオリティ・オブ・ライフをデザインしていくうえでは、必ずこうした人間関係の埋没コストと向き合う機会が出てくるはずです。

でも、**自分が豊かで幸せな人生を送るという方針のもと、「自分OS」をアップグレードするわけですから、そこはしっかりと線を引いておいたほうがいい**と思います。

いまあるスキルも、アップグレードして「センス化」できる

仕事やモノ、人間関係については比較的気づきやすく、わかりやすい面がありますが、次はなかなか自覚しにくい、自分自身のなかにある「マインド面の埋没コスト」を見ていきましょう。

具体的には、**「経験」「固執」「古いやり方」「過去の成功体験」**、また**「先入観」「偏見」「常識」「思い出」**などがそれにあたります。

このなかで「思い出」については、現在のクオリティ・オブ・ライフを高めたり、維持したりするのに必要ならまったく問題ありません。過去の思い出をあえて否定する必要はなく、いい思い出はいい思い出として、胸にしまっておけばいいでしょう。

ただし、その**思い出が、なんらかの成功体験につながっている場合は要注意かもしれません。なぜなら、これは容易に「固執」や「古いやり方」などに変わりがち**だからです。

次に、「経験」や「固執」というものは、一見抽象的に思えて、実は具体的なスキルとして表現されるものと僕はとらえています。なぜなら、**ある「経験」をとおして得たのが具体的なスキルだからこそ、その経験に対して「固執」が生まれる**からです。

そして、それらの固執は「成功体験」によって補強されていきます。

ただ、スキルの本質は、「代替できるからこそスキルになる」ということだと見ています。それこそ、いま専門的かつ高度なスキルとされている医師や薬剤師、法律家といった仕事も、テクノロジーが進化すればコモディティ化（陳腐化・没個性化）し、やがてＡＩ

に置き換えられるといわれます。自分の「経験」や「固執」をもとにスキルを磨いていても、せいぜいこれまでの延長線上でのアップデートができるだけで、早晩ＡＩにはかなわなくなってしまうでしょう。

これまでの自分の「経験」は、自分の根幹を支えてきたものなので、それが埋没コストになりかねないなら、果たしてこれからなにをベースに働いていけばいいのか、わからなくなる人もいるかもしれません。

「自分はこれをずっと続けてきたのだし、このスキルしかないし、これ以外の方法なんてわからない……」

そんな人は、いったいどうすればいいのでしょうか？

僕の答えは、**スキルを「センス化」して、アップグレードする**ということです。

「センスって生まれつきのものじゃないの？」と思いがちですが、実はセンスは誰にでもつくっていけます。

端的にいうと、**自分が持っているスキル要素を、複数掛け合わせればいい**のです。

しかも、別に正しい方法があるわけではないので、自分が納得できる範囲のなかで、自分で新しく定義していって構いません。あくまで、「自分の人生を豊かにする」という方針を軸にして、自分流で掛け合わせていけばいいのです。

一例として、料理の世界を考えるとわかりやすいと思います。

ひとくちに料理といっても、どの店にも同じようなメニューが並ぶなかで、実はちょっとしたスキルの掛け合わせや組み合わせの工夫で、その店のオリジナリティーが創造されています。それは、料理そのものに限った話ではなく、たとえばお皿の選び方やメニューに載せる料理の名前などでもいいのです。そして最終的に、その料理人は「センスがいい」と評価されることになる。

そう考えると、**自分が持つあるスキルが世界唯一であるかどうかなんて、ほとんどどうでもいい**ことです。

それよりも、なるべく視野を広くしたうえで、自分にとって離れているような要素を掛け合わせていけばいい。すると、ユニークなものを編み出せるチャンスが増えていきます。

この**「自分流」をつくっていくのが、スキルを「センス化」するということ**なのです。

このとき、「○○さんもやっていたよ」とか「○○でもう紹介されていたよ」という情報に出会い、へこんでやめてしまう人もいます。でも、そんなのは「あ、そうなんだ」くらいに思って無視しておけばいいでしょう。

なぜなら、**いくつかのスキルを掛け合わせているだけで、すでにあなた自身の希少価値は高まっている**はずだからです。

仮に同じことをやっている人がいたとしても、それは「一般化」されているわけではありません。むしろ誰かが先に似たようなことをやっていたなら、自分がやりたいことに近づきやすい証拠なので、どんどん参考にすればいいのです。

たとえば、目の前にご飯と、卵と、醤油があるとします。すると、もう卵かけご飯をつくるしかありませんよね。そこでAさんが、「これは人類最高の発明かもしれない！」と思って、卵かけご飯を提唱したとしましょう。

でも、そのあとでAさんは、世の中にはすでに卵かけご飯というものがあることを知ってしまいます。でも、その事実をもってして、「Aさんの発見に価値がない」ことにはならないと僕は思います。

その理由は、そこからさらに掛け合わせていけばいいだけだからです。

3つの要素を掛け合わせた卵かけご飯がすでにあるのなら、次は卵かけご飯をひとつの要素としてとらえて、その卵かけご飯に、海苔なりネギなりを載せていけばいい。すると、そこからまったく新しい掛け合わせが生まれます。

こうした掛け合わせをひたすら繰り返していけば、スキルをセンス化することは、誰にだってできます。そうしてトライ・アンド・エラーを繰り返していると、どこかで幻の調味料を発見し、唯一無二のものを創造できる可能性まで拓(ひら)かれます。

最初から斬新なアイデアが見つかることは、ほとんどありません。**大切なのは、ほかの人がすでにやっていようがいまいが、それを気にすることなく、自分のスキルを掛け合わせていく行動**なのです。それがなければ、いつの日か「幻の調味料」に出会う機会も訪れないでしょう。

スキルは積み重ねです。そのために、自分の「経験」を動員するのは必要なことです。

これは、「固執」や「古いやり方」や「過去の成功体験」にとらわれて、卵かけご飯の段階でとどまることとイコールではありません。

むしろ、自分が持っているスキルをふたつ3つ掛け合わせた段階から、さらにそれをベースにして、なにをトッピングしていくか――。その試行錯誤が、「スキルでセンスをつくる」というプロセスです。

自分の「経験」すべてが無駄になるわけではなく、その掛け合わせの選択肢こそがあなたというオリジナリティーを際立たせます。

それこそが、まさにあなたの「センス」なのです。

スキルの掛け合わせは「和風たらこスパゲティ」で

スキルを掛け合わせると、オリジナルな能力となって「センス」がつくられる。これは間違いではありませんが、一方で僕は、最初からスキルを掛け合わせることを前提にものごとを考えてしまうと、かえって思考は小さくなり、道に迷いがちになると見ています。

そうではなく、**「掛け合わせできるかどうかわからないもの」を掛け合わせるから、イノベーションが生まれる**のです。

「和風たらこスパゲティ」を思い浮かべてみてください。イタリア生まれのパスタに、日本生まれのたらこと海苔としょうゆ味を掛け合わせたから、和風たらこスパゲティが生まれました。これは、最初から掛け合わせることを前提に考えられていません。まったく種類のちがうものが、「たまたま」出会って生まれたものです。

もし、最初から掛け合わせることを前提にものごとを考えてしまうと、おそらく平凡なパスタがつくられるだけでしょう。どれだけパスタをつくるスキルとトマトを栽培するスキルと、オリーブを栽培するスキルが高くても、発想としてはイタリア料理の域を出ません。

もちろん、素材や調理技術を含めすべてが最高レベルなら通用しますが、それぞれが平凡な場合、どれだけスキルを掛け合わせてもありきたりなものになる場合が本当に多いのです。本人からすれば、麺を打つのとトマトを栽培するのはまったく異なるスキルですが、残念ながらまわりはそのようには見てくれません。

このように、最初から「Aのスキルと Bのスキルをつなげるぞ」と考えてしまうと、結果は案外、平凡なものになりがちです。では、どうすればいいのでしょう？

自分の視野を限りなく広くして、まったくちがうものを思いきって選んで掛け合わせるしかないのです。そうはいっても、なにを基準に選べばいいのかわからないと思いますが、それこそ「自分の好きなもの」を選んで組み合わせればいいと僕は考えます。

「**自分はこれが本当に大好きだ！**」

「**考えただけでワクワクする！**」

そんなものを自由に「スキル」と定義づけて掛け合わせていけば、いわば「自分流」のイノベーションを生み出しやすくなります。

さらに、自分が好きなことをやるわけなので、たとえうまくいかなくても、苦しいどころか楽しいだけの作業になる。これこそが、人生を豊かにしていく仕事の方法です。

このことから、スキルの掛け合わせでオリジナリティーを生み出し、センスを高めて勝負していくためには、**「自分が本当に好きなものを複数持っておく」**ことを、ふだんから意識して準備しておくのが大切になると思います。

「自分をオープンにできる人」に人は集まる

こうした話をお伝えすると、

「いっていることはわかりますが、わたしにはたいしたスキルもないし、掛け合わせるといっても……」

と、落ち込んでしまう人もいます。僕にしてみれば、それは「自分が好きなもの」がよくわからない状態なので、自分への掘り下げが足りないか、単に自信をなくしてしまっている状態なのだと思います。

そんなときは（万能の方法ではありませんが）、**「うまくいっていないこと」を逆手に取る方法**も考えてみてください。

たとえば、いま世の中で記事や書籍などのコンテンツになるものは、多くが「うまくいくためにはどうすればいいか」を教えるメソッドがベースとなっています。「全然うまくいかない……」と思っている人の多くは、その途中経過を見せません。なぜなら、そんなものにニーズはないと思い込んでいるからです。あるいは単純に、発信者が恥ずかしかったり、無能だと思われたりするのが嫌だからでもあります。

でも考えてみれば、**うまくいっていないやり方というのは、みんなが避けたほうがいい貴重な事例**です。そこで僕は、あえてその部分をコンテンツ化してもいいのではないかと思います。

「うまくいかないから助けて」とアドバイスを求めるのもいいのですが、それだけでなく、**うまくいかない自分を淡々とアウトプットしていく**。

もし、いま営業の仕事がうまくいっていないなら、「うまくいってないセールススタッフコミュニティ」を立ち上げてもいいわけです。「自分はなぜうまくいかないのだろう?」というリアルな情報を軸にして、アドバイスとマウンティング禁止で、ひたすらそれを書き込んでいくコミュニティー(スレッド)を立ててみると、かなりのニーズがあるかもしれません。

僕は運営するオンラインサロンでかつて、「なにがあなたのプレゼンの苦手意識を生み出していますか?」という質問をしたことがあります。

すると、多くはふたつに答えがわかれました。**ひとつは、「とにかく緊張する」こと。そしてもうひとつが、「ほかの人から下手だと思われるのが嫌」という答え**でした。つまり、**多くの人は、「人からどう見られるか」を非常に気にしている**わけです。

でも、もし「他人から下手だと思われるのが嫌」とみんなが考えているなら、逆にいえば、**「他人からマイナスに思われるような要素」は、実はすごく共感を得られるストーリーでもある**ということです。

ある人が失敗を繰り返してうまくいかなかったり、「もうダメだ」と思っていたりするときに、「きっとうまくいくからあと少し頑張りなよ」というのは、アドバイスの王道でしょう。

でも僕は、これだけアウトプットが自由にできる世の中なら、むしろうまくいってないことまで逆手に取って、「よかった、失敗して貴重なコンテンツがまた手に入った」と考えたほうがいいと思います。他人からどう思われるかをいったん脇に置いて、「これが自分のネタになるんだ」ととらえることもひとつの手なのです。

アラン&バーバラ・ピーズ著『他人とうまくやっていく』（サンマーク出版）によると、

人間には、いちばん根っこの部分に「自分は重要な人間であると思いたい」という本質があるとしています。

つまり、自分が重要ではないように見える情報をアウトプットするのは、なかなか勇気がいる。ですが、人間は一方で「返報性（へんぽうせい）」という本質を持つとも書いています。これは「人になにかをしてもらったら、それを返したくなる」という性質で、たとえば自分がうまくいってないことをアウトプットすれば、それを見た人もまた、うまくいっていないことをアウトプットしやすくなるのです。

すると、**自分のことをオープンにする人のまわりには、同じことを考える人が集まってくるようになり、結果的により幅広い視点で、自分を変えるきっかけやヒントを得られやすくなる**というわけです。

いずれにせよ、自分をアップグレードさせるのは、自分がいちばん恥ずかしいところ、見せたくない部分まで含めてオープンにしてしまうくらい、「思いきり」が必要な作業でもあります。

はじめの勇気は必要ですが、自己開示を許容する雰囲気は、僕はいろいろな分野で強くなってきていると感じています。思いきって自分をオープンにしやすくなってきている時代なので、自分の試行錯誤のプロセスを丸ごと見せていくのも、自分のコンテンツをつくっていくひとつの有効な方法になるはずです。

「向いていない仕事を続ける」は紛れもないコスト

もうひとつ、自分をアップグレードさせていくときに、振り返っておきたい要素があります。

それは、「そもそもいまの仕事は自分に向いているのか?」という視点です。

少し冷たく聞こえるかもしれませんが、**向いていない仕事をずっと続けることこそ、典型的な埋没コスト**になります。「その職に就いたからには頑張って続けなければならない」というマインドに、埋没してしまっている状態です。

「途中で投げ出してほかのことをやっても、うまくいくわけがない」ともよくいわれますよね。ですが、これはなんの根拠もない主張です。

スポーツなどを見ればわかりやすいですが、監督や所属するチームが変わった途端、息を吹き返したように活躍する選手はいくらでもいます。別に、**「置かれた場所で咲く」必要はなく、失敗体験があること自体が、ひとつの大きなリソースになり得ます。それをベースにして、次のステップへと軽やかに移っていけばいい**のです。

向いていないセールススタッフの仕事を続けた結果、大失敗したけれども、その経験を活かして活躍する人事コンサルタントなんて、世の中にはたくさんいます。

それこそ、いろいろな場所で語ってきたことですが、僕自身もエンジニアとしてはポンコツで、それはもう話にならないレベルでした。

それでも、仕事としてプログラミングをした経験を活かし、「ITの価値の本質を伝える」というITコンサルタントのフィールドへ移ったことで、生き残ることができました。向いていないエンジニアをいつまでも頑張って続けていたら、いま頃は確実に埋没コストを抱えて、会社や上司の不平不満を漏らしていたかもしれません。

ならば、僕はエンジニアとしての仕事を投げ出したのかというと、自分としては投げ出したつもりもありません。そうではなく、「続けなかった」のです。そのため、着眼点と仕事の軸足を変えて、これまでのエンジニアとしての経験も「掛け合わせ」ていきました。

ひとついえることは、軸足を変えてＩＴコンサルタントになったとき、僕は「こっちのほうが向いているし、やりたいな」と明確に感じたことです。

つまり、**スキルの掛け合わせを考えていくときは、「本当にありたい自分」をイメージし、「いまの自分がときめくこと」から考える**と楽に思考が流れていきます。

そんなときに、**「経験」は物理的に置き場所を取らないので、いつでもスキルとして自由に引っ張り出して使えばいい**のです。

ちなみに、僕がポンコツエンジニアだったことなんて、いまや誰も気にしません。だいたいは「そうだったんですね！」と驚くか、「またまた～」と信用しないか、「でもプレゼンはうまいよね」と、なにも気にしないかの３つに反応がわかれる程度です。

人って、他人のことはたいして気にしていないもの。

これこそ僕が、「どんどん自分をオープンにしよう！」とすすめる理由のひとつです。

「べき」は、思考を固める呪いのワード

では、マインド面の埋没コストのうち、「先入観」「偏見」「常識」についても見ていきましょう。

実は、僕には絶対に使わないように心がけている言葉がひとつだけあります。それは「べき」です。なぜそれを使わないのかというと、**「べき」と口にした瞬間に、選択肢がひとつだけになってしまう**からです。

もちろん、「べき」を使ったからといって思考が硬直化しない人もいますが、たいていの場合、「こうすべきだ」と強調した途端に思考が固まり、それ以外の選択が「してはいけない」ものになりがちです。代わりに、この言葉を「したほうがいい」と言い換えたほうが、複数の選択肢が自然と視界に入りやすくなるでしょう。

このように**「言葉は人をつくる」といわれるほど、とても強力な力を持っています**。そのため、自分の思考や行動をわざわざ縛るような言葉を使わないように習慣づけるのが、

まず大切なマインドとなります。

加えて、**「べき」という言葉は、「先入観」や「偏見」などにつながりやすい言葉であり、過去から続く「常識」にも従いやすくなります。**

身近な例として、かつて北京オリンピックの柔道男子100kg超級で金メダルを獲った、総合格闘家の石井慧選手に起きた出来事は象徴的でした。

日本の柔道には、「漢字の柔道とローマ字のＪＵＤＯとは別物」といわれるくらい、投げ技で美しく1本を取るという「べき論」のようなものがいまだにあるようです。その意味で石井選手は、柔道界では決して好かれているとはいえない選手でした。

なぜなら彼は、「ポイントを取って勝ちさえすればいい」という、結果のみにこだわるタイプだったからです。そのためオリンピックで金メダルを獲るという偉業を達成したにもかかわらず、「あんなものは柔道じゃない」という批判を受けてしまったのです。もちろんそこには、彼の率直な言動が柔道界の「べき論者」の神経を逆なでした側面もあったわけですが……。

ここで僕が問いかけたいのは、ルールに則ったうえでオリンピックに出場し、最終的になにが大事になるかというと、「そのチャンスがある選手にとっては、金メダルを獲ることがもっとも重要ではないか?」ということです。

「柔道というのはこうあるべきだ」という一方で、もし石井選手が美しい投げに固執して3回戦あたりで敗退すれば、それこそ厳しく批判されたはずです。

するとどちらがいいかというと、「しっかり結果を出したほうがいいのではないの?」という矛盾があるわけです。

しかもいまの時代は、JUDOがグローバルに広まり、世界中の選手たちにとっては表彰台に上がりメダルを獲得することが最重要テーマになっている状況です。にもかかわらず、日本の柔道では、「金メダルを獲得すると同時に、美しく1本勝ちをすべき」という〝無理ゲー〟を強いられています。これが、典型的な「べき論」です。

両方を満たして勝てばものすごくほめられますが、どちらかが欠けると徹底的に責められる——。実際、美しい投げ技を決めなかった石井選手は、金メダルを獲ったのに「お家芸なのに」云々と叩かれたのでした。

「偏見」や「常識」にとどまらず、こんなところにも「過去の成功体験」が関係しています。結局のところ、日本の柔道はまだ柔道がグローバル化していない時代に、1本勝ちでかなり勝てていたわけです。この成功体験に固執し過ぎて、「美しく投げ技を決めて1本を取るのが柔道のあるべき姿」という価値観が押しつけられやすい環境にあるのでしょう。

しかし、スポーツに限らずビジネスにおいても、**いくら過去の成功体験があったとしても、時代が変わり否応なく変化にさらされているときには、根本的な価値観を変えていく必要がある**でしょう。

さもなければ、狭い世界の「偏見」や「常識」ばかりにとらわれて、いったい誰のために戦い、なんのために働いているのか、よくわからない状態になってしまいます。加えて結果も出なければ、もう散々です。

どんなビジネスパーソンのなかにも、おそらく「これはこういうものだ」「こうあるべきだ」といった「固執」が多かれ少なかれあると思います。

しかし、**パンデミック以降の時代には、これまでの「常識」が根本的に通用しなくなり、**

過去のまま変わらないビジネスモデルがまったく評価されなくなっているのは、もはや誰の目にもあきらかです。

マイクロソフト社のCEOサティア・ナデラは、以前にこんなことを語っています。

「Our industry does not respect tradition - it only respects innovation.（わたしたちIT業界では、伝統は尊重されません。イノベーションだけが尊重されるのです）」

つまり、テクノロジーの世界においては、伝統、つまり「むかしからこうだったというだけのものは尊敬に値しない」という意味合いです。

もちろん、過去の伝統をただ非難するだけではいけませんが、とくに変化が激しいテクノロジーの世界においては、過去をただ尊重するという地点に立ってしまうと、それだけで停滞を招くという警鐘です。

「常に革新していく」というマインドセットを持つこと。

これが仕事だけでなく、あなた自身をアップグレードさせていくためにも必要な思考であり、姿勢なのです。

不安に襲われたときは、「コントロールできる・重要なこと」に集中しよう

マインド面の埋没コストの最後は、多くの人が抱えがちな「不安」についてです。

僕は、**不安という感情に振りまわされないためには、自分が「コントロールできて、かつ重要な部分」に集中することがなにより大切**だと考えています。コントロールできないことに振りまわされてしまうから不安が生まれ、埋没コストとして自分を苦しめてしまうのです。

とくに新型コロナウイルス感染症が拡大したのち、自分の将来や仕事について心配したり不安になったり、あるいはいわゆる景気の動向を気にしたりする人が増えています。

ただ僕は、**景気を気にすることと自分の人生を気にすることはまったく別物**だと考えています。景気はいわば天気のようなもので、強い雨が降っているからといって自分の人生が終わってしまうかというと、そんなことはありません。

要するに、天気は天気として存在しているように、景気も景気として存在しているだけととらえているのです。

僕は、NewsPicksが運営するプロジェクト型スクール NewSchoolで、チームマネジメントに関する講義をさせてもらったことがありますが、そのなかでとくに強調したのが、先に書いた「コントロールできることに集中しよう」ということです。これはアンガーマネジメント（怒りの感情と上手に付き合うための心理トレーニング）の概念でもあり、「コントロール可能で重要なこと」にリソースを集中させるのがマネジメントの本分なのです。

コントロールできないことにリソースを割くのはコストであり、はっきりいえば「無駄」です。その部分に集中することでなにか貴重なものを得られるならいいですが、実際は、それこそ景気を気にしたところで、それをコントロールすることはできません。

人生は景気の影響を受けないという意味ではなく、「その影響を気に病むのはバカらしい」ということです。

繰り返しになりますが、**大切なのは自分がコントロールできて、かつ重要な部分に集中**

すること。もしかしたら、そのコントロールできる部分が景気の影響を受けると考えるのかもしれませんが、そんな状況においても、自分の振る舞いを変えることでコントロールできることはないか？ 自分のクオリティ・オブ・ライフを上げるためになにができるか？ そんな思考と選択が重要です。

ビル・ゲイツは、1981年にこんなことを予言したといわれます。

「パソコンは未来永劫640キロバイト以上のメモリを必要としない」

約40年前、彼は、パソコンは640キロバイトのメモリがあれば、あらゆることができると断言したのです。しかし現在は、64ギガバイトのメモリが、数回のクリックで手元に届く世の中になっています。でも当時は、64キロバイトのメモリを積んだパソコンですら高価なものだったので、その10倍のメモリがあれば……と考えたのでしょう。

ならば、ビル・ゲイツがパソコンのことをよくわかっていなかったのかというと、そんなはずはありません。そうではなく、誰がやるにせよ**未来の予測はそれほどあてにならな**

いということです。

当時パーソナルコンピューターの世界のど真ん中にいた人ですら、そんな将来を見通したわけで、そう考えると景気動向をはじめ、コントロールできないことに不安になることにどれくらい意味があるかといえば、およそ専門職の人が職業上必要な程度ではないでしょうか。

僕自身も、今後の景気のおおまかな見通しはある程度自分なりに持ってはいますが、それが当たるか当たらないかは、どうでもいい話だと思っています。

それは、「澤さんだからできる」こと？

ここまでマインド面の埋没コストを解消する手がかりについて書きました。ここで、僕がこれまでいろいろな場でお話ししたときに、もう何百回もいわれた言葉を紹介しましょう。

それは、「あなただからできるんでしょ？」という反応です。

だから、僕はこの言葉に対していつもこう返しています。

「あなたはやってみたことがあるのですか？」

すると、またカウンターがやってきて、「やって失敗したらどうするんですか。誰も責任は取ってくれませんよ？」となる。そこで次は、「死にはしないから大丈夫ですよ」と返します。

不思議なのは、どうして命綱なしで、いきなり崖（がけ）から飛び降りるような考え方をしてしまうのかということです。これがまさに、「不安」という埋没コストに押しつぶされている状態なのかもしれません。

では、具体的にどうすればいいかというと、**一か八かでフルスイングする必要はなく、もっと小さなひと振りをすればいい**のです。引き返す場所をきちんと用意しておき、嫌だったらいつでも戻ってくればいいのですから。

いきなり断崖絶壁に向かって行って、崖の向こう側にある（希望に満ちた）新しい道へと全速力で跳躍し、もし届かなかったら奈落（ならく）の底に落ちていく……というルートでは、それは不安になるのはあたりまえです。

そうではなく、まわりをきょろきょろしながら吊り橋を探したり、「もっとまわり道をしたら向こう側に行くほかのルートがあるかな？」と考えたり、誰か便利な乗り物を貸してくれないかとウロウロしたりと、少し落ち着けば**常に複数のルートがあることに気づくはず**です。

ただ、ひとつだけ守ってほしいことがあります。**それは、とにかく「ひと振り」をしてほしい**ということ。

ひと振りのイメージは野球でもゴルフでもテニスでも、なんでも構いません。ただ、決してボールを眺めるだけではなくて、とにかく小さな「ひと振り」をすることに集中してください。

できることからでいいので、自分がいままでやったことがないようなやり方を、ここで一度試してみることをおすすめします。

このとき、「誰かがもうやっているんじゃないですかね？」という反応もよくあります。

でも、これがいちばん関係のない話です。なぜなら、その誰かとあなたはちがう人だから。**「自分史上はじめて」であれば、それでいい**のです。これまでの自分とはちがうひと振りをしなければ、それまでの自分からは変われません。

不安を目の前にすると、多くの人はこれまでと同じような中途半端なスイングをしたり、逆に無謀なフルスイングをしたりして自分を追い詰めてしまいます。そうではなく、これまでとまったくちがうやり方で、小さなひと振りをすればいいのです。

自分が実際に体験してはじめてわかることがあるし、小さなひと振りを重ねる過程で得られる経験は、すべて自分にとっての新鮮な「一次情報」になります。それはどんな記事や情報を見ても得られない、自分だけの最高の情報です。場合によっては失敗体験になるかもしれませんが、僕の場合、そんな体験こそ多くの人に公開して、共感を呼ぶコンテンツに変えるようにしています。

もちろん無理をして開示しなくても、そんな自分の失敗体験は次の行動に確実に活かすことができるので、自分にとってはプラスにしかなりません。

「小さなひと振り」の心の準備――〝夢のようなこと〟を妄想しておく

自分なりの「小さなひと振り」にいま一歩踏み出せないのは、自分のことを肯定的に信じられなくなっているからかもしれません。

僕の場合は幸運なことに、先の「なにをしても死にはしない」という体験をこれまでたくさんすることができました。身に余るような場所で登壇の機会をいただいたり、すごく有名な方と一緒にお仕事をさせてもらったりするなかで、失敗こそすれど、取り返しのつかない大事故を起こすことはありませんでした。「別に死にはしなかった」経験を積み重ねられたわけです。

僕はもともと劣等感を抱えやすい人間でしたが、そうした経験のおかげで、自分について少しずつ楽観できるようになれました。

ただし、**「やる・やらない」という選択肢があるときは、必ず「やる」ほうの選択肢を**

選び続けたことは、ひとつの効果的な行動方針としてみなさんにおすすめできます。

これは、「チャンス」というものをどのようにとらえるかに関係しますが、**チャンスを活かすには、まず瞬発力が大切**だと僕は思っています。とにかくすぐに反応すること。チャンスは逃げ足がとても速いので、「来たかな」と思ったら瞬発力を高めて、すぐにそれに飛びつくくらいの勢いが必要です。

「いや、それが不安でできないんですよ」という気持ちもわかります。誰だってなんの心づもりもしていなければ、向こう見ずに飛び込むことなんてできません。それこそただの無謀なフルスイングになって、致命的なミスを犯す可能性もあります。

そうではなく、チャンスを摑む瞬発力を出すには、「準備」が必要なのです。

そしてこの準備は、別になにかの資格を取ることや、勉強しておくといった行動とは、少しちがうのではないかなと僕は思います。では、なにをしておけばいいのか？

ずっと「妄想」しておくのです。

たとえば、いきなり目の前に自分の大好きな俳優さんが現れて話しかけられたとしたら……ひとこと目になにを話すのか。そんなことを常に妄想しておくのです。

「そんな夢のようなこと、実際に起きるわけないでしょう」「さすがにバカらしい」と思う人ほど、いざというときになにもできず、チャンスをみすみす逃してしまいます。

でも、あらかじめ妄想していた人は、いざというときに「ひとこと目をかまずにいえる」というシンプルな結果を得られます。これが、「チャンスを活かす」ことの本質なのです。

もうどんな妄想でも構いませんが、楽しくポジティブなものだとよりいいでしょう。

「こんなことは起きないだろうけど、もし起きたら自分はこう振る舞うぞ！」と決めておけば、それに近いようなことが起きたとき、ほかの人には出せない瞬発力を発揮できるようになります。

だからこそ、チャンスを摑めるのです。

「本当に来ちゃった……」というときに、「よし、やってみるか」「いいですよ、わたしがやりますよ」とすぐに動ける準備をしておけば、常に「やる」ほうの選択肢を選べるようになります。

こうした妄想は、誰しも子どもの頃はたくさん持っていました。世の中では、思春期にありがちな言動や思考を称して「厨二病（ちゅうにびょう）」と揶揄（やゆ）されることもありますが、僕は**厨二病こそ慢性化させせたほうがいい**と思うときがあります。

子どもは、およそ「できない」という理由を持ちません。**「できない」と思うようになるのは、画一的な教育のなかで、大人たちが勝手にいろいろな線引きをして他人と比べさせることで、「君は上、あなたは下」と意識に植えつけてしまう**からです。

そうして、もともとみんな自分に対して持っていた健全な自信を、どんどん失ってしまうのでしょう。

「やめる」がはじまり。いい流れを生み出そう

これからの時代は、なにかをすることができる人ではなく、「やめることをすぐ決められる人」が、仕事ができる人の条件になると僕は見ています。本当をいえば、元々そうであって、それがより一層あきらかになっていくでしょう。

たとえば、新型コロナウイルス感染症が拡大しはじめたとき、いち早く出勤をやめてオンライン化するなど、いままでのやり方を「やめる」ことをすぐ決断した会社は、スムー

ズなシフトチェンジができて、しっかり生き残ることができています。

一方、過去の「古いやり方」や「常識」などに固執している会社は、いまも様々な面でコストがひっ迫し、技術モデルの変革にも遅れをとっています。

同じく個人においても、やめることを素早く決められることが、今後かなり重要なマインドセットになるでしょう。

「その〝やめる決断〟がなかなかできない」という人も多いのですが、僕はキャリアチェンジのアドバイスなどをするときは、いつも「いきなり全力でやらなくていいよ」と伝えています。フルスイングがおっかないなら、ちょっとずつやればいいのです。週末だけ個人でなにかをはじめてみたり、ほかの会社や組織を手伝ってみたりしながら、少しずつ新しいことをはじめていくわけです。

本当に仕事ができる人は、すぐにそれができる人です。**「これをやめてあっちへ行こう」とすぐ判断できる人は、結果的に時間を有効に活用し、かつ新しい場所でもフルコミットして結果を出すので、時間とエネルギーにほとんど無駄がありません。**

「自分に向いていない」「これはダメだ」と思ったら、すぐに次の選択をする。そんな「ホップ」がすぐできる人が、どこにいても結果を出せる人なのです。

もちろん、ホップばかりしてすべて失敗していたら、それはただの失敗の連鎖なので、あくまでも自分に合った、結果を出せる場所を見つけるのが大前提です。その成功確率が高い人が、いわゆるシリアルアントレプレナーといわれる人たちで、次々に起業し、次々に成功していきます。

彼ら彼女らは一見、「なんでもうまくできる人」のように見えるかもしれません。でも、僕が実際に付き合って感じることは、彼ら彼女らはうまくいかないことをすぐに見極めて、「やめる」ことができる人たちなのです。

いずれにせよ、多くのビジネスパーソンにお伝えしたいのは、「最初から後戻りのできないフルスイングをしない」ということ。**自分がいま手にして活かせるスキルのなかから、小さな実験を繰り返すつもりで、少しずつ「自分が本当にやりたいこと」に挑戦していけばいい**のです。

これは「埋没コスト」をなくしていくプロセスとも重なり、具体的な方法は第3章でも紹介しますが、**自分に変化を起こしたいときは、まずなにかを「やめる」ことがもっとも簡単な方法**です。

思考や行動をいきなりポジティブに変えられる人はいいですが、なにか変化の手がかりがほしい人は、自分のなかの不要なものを、ひとつでもやめることからはじめてみてはいかがでしょうか。

やめると、必然的になにかしらの変化が起こります。

大きく変わらなくても、少なくとも「やめた」「わたしは変わった」「自分で変えたんだ」という実感が間違いなく残ります。その**ポジティブな実感が、これまで抱えてきたあなたの埋没コストを減らしていく**のです。

なにかをやめて、自分の埋没コストを自分で解消していく。そのプロセスが、自分を変化させる大きな〝はじめの一歩〟になるでしょう。

第2章

「自己中」戦略で豊かに生きる

ウィズコロナ時代の武器──「自己中」なセンスのつくり方

第2章では、僕がいろいろな場所でお伝えしている「自己中戦略」をキーワードに、正解の見えない時代を豊かに生きる方法について考えます。

僕は2020年に独立して以降、これまで以上に様々な活動をしている真っ最中です。それでも多くの人に知られているのは、おそらく「プレゼン」というキーワードであり、そのスキルなのだろうと推測しています。

ただ、先に書いたように、僕は**スキルというのは必ずコモディティ化する、代替できるものであり、ゆくゆくは陳腐化するもの**ととらえています。よく「スキルを磨け」などといわれますが、スキルというものは、すでに確立された世界のなかで磨かれるものだと認識するのがまず大切になります。

たとえば、野球のバッティングスキルを磨こうとしても、そもそも野球という競技がなければそのスキルは成立しません。確立された世界があるからこそ、いわば「木の棒を振りまわす」スキルが求められるわけです。極端にいえば、世界から野球がなくなれば、もしくはニーズが急激に減ってしまえば、バッティングスキルはほとんど意味を持ちません。

また、**コモディティ化したバッティングスキルをいくら磨いても、プロの世界で活躍できる選手になれるとは限らないでしょう。なぜなら、そこには「センス」が必要とされる**からです。

僕のプレゼンも同じです。僕は2019年にプレゼンを306回行いましたが、2020年はコロナ禍で人前にほとんど出られなくなったため、対面でのプレゼンは10回程度でした。つまり、プレゼンを「ステージの上に立って対面で伝える行為（スキル）」ととらえていたら、僕はほぼプレゼンをしていないことになります。

もちろん、オンラインではかなりの数を行いましたが、当初はオンラインのプレゼン自体の依頼が少なく、2020年の5月あたりから徐々に増えていった感じでした。結果的には年間で、196回のオンラインのプレゼンを行ったかたちです。

ならば、対面でプレゼンをしていた人が全員、そのままオンラインにシフトしたのかというと、実はそうでもなく、聞くところによると「オンラインだと環境的にもメソッド的にも無理」という人がかなりいたそうです。

つまり、ステージ上でプレゼンするスキルの一部は活かすことができますが、オンラインでのプレゼンスキルは、対面とはまったく別物だということです。コロナ以前にしか通用しないスキルだけを持っていた人は、結局、そこ止まりとなってしまったわけです。

では、僕がなぜオンラインへスムーズに移行できたのか。それは、**そもそもプレゼンを「ファンサービス」ととらえて続けてきたから**だと思っています。

ファンをつくるとは、**「相手の行動を自動化する」仕組みをつくること**です。こう書くとなんだか味気ないですが、要するに、相手の自発的行動を呼び起こすのが、ファンになってもらうということです。

ファンは誰かに頼まれてイベントに参加したり、わざわざ出かけたりするわけではありません。そうではなく、やりたいからやっているわけです。なぜなら、それをするのが「好きだから」。これが、「行動を自動化する」という意味です。

僕はこれまで徹頭徹尾（てっとうてつび）、ファンにサービスをするという心理状態でプレゼンを行ってきました。その結果、アウトプットの方法をほとんど問わなくなり、汎用性を得ることができていたのです。

このように汎用的に使えるものや、人間の根源的な部分に訴えるもの、人間として大事なものというのは、いつの時代であっても柔軟に使えるスキルへと変わり得ます。

そして重要なのは、**そうした汎用的なもの、本質的なもの、人間にとって重要なものもまた、自らの「やりたい」という自発的行動によって生じるもの**ということです。

「クライアントに求められているからこれをしておこう」「今日はこれをかいつまんで話しておこう」程度の姿勢では、求められなくなったらすぐに終わります。

そうではなく、**求められていようとなかろうと、「わたしはこれをやりたいんだ!」「これを伝えたいんだ!」と強く思えるものを持っているかどうか**。そんな「自己中」なセンスを持っていれば、どんな変化もおよそ関係がなくなるでしょう。

僕の場合なら、人前で話をしたり、ファンのためになにかをしたりすることは根源的に大事にしているものです。そのための表現形式が、たまたまスキルセットとしてのプレゼンだったということです。

つまり、**パンデミックによって時代が激変しても、根っこのファンサービスの部分は変わらず、それをオンライン形式に切り替えただけ**なのです。だからこそ、プレゼンのほかにも、ボイスメディアVoicy（ボイシー）で多くのリスナーが僕の話を聴いてくれて、オンラインサロンでも常時200人以上のメンバーに参加いただいています。

これらの根っこは一緒で、すべてがファンサービスなのです。

みんな、もっと「自己中」に生きていいんじゃない？

「自己中」なセンスを持つ人は、今後さらに成長していけると思います。既存のスキルだけを極めたとしても、それだけでトッププレーヤーになれるかというと、そこに相関関係はありません。

ましてや**いまのように大きなリセットがかかり既存のルールが崩れたような状態では、そもそもスキル自体が存在しなくなる可能性もあり得ます。**

「このスキルさえ持っていれば」という、どこでも通用するものはもうあまり見当たりません。自分が頼りにしてきたスキルそのものが、いとも簡単に「埋没コスト」に変わり得る時代なのです。

ではどうすればいいかというと、結局のところ、誰かが用意してくれるわけでもなく、「自分で見つけよう」「自分で考えよう」という思考を持つに尽きます。**いまの時代を「いかに自分なりに面白く生きるか――」。それを見つける**のです。

これこそが、あなたの「センス」をかたちづくります。

多くの人は、ルールのあるゲームを探してしまいます。野球が好きなら野球、サッカーが好きならサッカーというように、ある一定の世界のなかでスキルを磨き、プレーヤーとして上に登っていこうとします。

埋没コストという意味では、「いままで野球をやってきたのだから」という、磨いてきたスキルへの固執が当てはまるでしょう。時代が大きく変わっても、自分がやってきたスキルの枠内で「新しいニーズに合うものがあるだろうか」と考えてしまい、結局は世の中やまわりの人の、移り気なニーズに左右されてしまうのです。

たしかに、スキルの一部分は活用できます。たとえば、野球で必死にベースランニングをしてきた人は、別の競技でも仕事でもその体力は役に立ちます。

ただ、わざわざ別の競技を探してやり直すのもまた、それはそれで要領が悪い面がある。ましてや「そうしなければいけない」わけではないので、それならば、**「もう自己中の勝手なルールをつくって生きていいんじゃない？」というのが、僕からの提案**です。

世の中にリセットがかかり、確たる保証のあるものごとがなくなりつつあります。「この競技だったらわたしは活躍できる」というものがなくなる世界。そんな世界を生きていくには、すべての人が、もうそれぞれオリジナルの競技をつくっていけばいいのではないでしょうか。

自分だけの人生なのだから、「これが好きで面白いからこれで生きていこう！」と思えればいいのです。これまでの自分がいた場所から、まったくちがう場所へと飛んでいくようなマインドセットを持つことがとても大切。

もっと「自己中」になって、自分が楽しいか楽しくないかで決めればいいのです。

「自己中」よりたしかなものは存在しない時代へ

現在は、社会経済の根本システムである資本主義自体も、どんどんかたちを変えています。たとえば仮想通貨。現代の通貨システムは、もともと金本位制でした。金という希少物質の価値が全世界でおよそ共通するという前提のもと、金本位制というシステムがつくられました。

次に、信用を国家に変えた国家信用本位制となり、これが現在の兌換(だかん)通貨の考え方を支えています。

そして仮想通貨というのは、技術信用本位制といわれます。「この技術は信用できるから、この通貨は○○の価値があるとみなす」という考え方です。その技術のベースラインがブロックチェーン(※)といわれるもので、その技術があるからこそ通貨として信用できるという考え方になります。

なにがいいたいのかというと、**僕たちがあたりまえに生きているこの日常や、資本主義**

社会の根本ですら、信じるものや前提条件によっていとも簡単に変わってしまうということです。

なにを信用するかによって、ルールが根本的に変わってしまうのです。

国家信用本位制と技術信用本位制は、そもそも相関関係がない状態です。いや、資本主義というけれど、その「資本」というのはどんな定義の上に成り立っているかすら、これまでの常識が変わってきている状況です。これまでは国力やリアルな国際関係によって定義されていたものが、サイバー世界ではそのパワーバランスも崩れつつあります。

「価値の等価交換の概念ってどうなるんだっけ？」

「そもそも価値ってどうやって決めるの？」

そんな地点にまで、僕たちはすでに来てしまっているのです。

文脈は異なりますが、そんな根本的なシフトチェンジに対して、「未来の予測は無駄である」と指摘したのが、経営学者のピーター・ドラッカーです。

「未来は予見できない。ある程度予測できるという人がいたならば、今日の新聞を見せ、

一〇年前にどれを予測できたかを聞けばよい」（ピーター・F・ドラッカー著『【エッセンシャル版】マネジメント 基本と原則』ダイヤモンド社）

これが書かれたのは1973年。インターネットすらない時代にもかかわらず、彼は未来の予測は無駄だとする予測を言い当てるという、なんとも皮肉な言葉を記しています。なにかを予測すると、次はなんらかの計画に落とし込もうとするものです。でも、かの経営学の巨人が、そんなことには意味がないと断言しているのです。

話が少し大きくなりましたが、結局**重要なのは、「あなたはなにを信用して生きるのか」**ということ。多くの人が、既存の常識の枠内で思考し、行動するなかで、あなたはなにに価値を置いてこれからの時代を生きるのか？

それを見極め、行動に移していくことが、あなただけのオリジナルの人生につながっています。

※ブロックチェーン
金融取引などの記録をネットワーク上で管理する技術のひとつ。インターネット上の複数のコンピューターで取引記録を共有し、正しい記録をチェーンのようにつないで蓄積する。近年は金融にIT技術を活用するフィンテック分野などに用いられている

「好きなこと」「やりたいこと」が自信を育てる

先に、スキルはコモディティ化すると書きました。でも、そんなスキルに自信の源を置いていると、自信の源がコモディティ化することになり、もっといえば、自分のアイデンティティー自体もコモディティ化しかねません。

自信というのは、本来自分を信じることであり、コモディティ化するはずがないものです。自分の人生を生きるプロフェッショナルは自分しかいないので、そんな自分がコモディティ化することなんて「あり得えない」のです。

まずそう思うだけでいいし、それを理解すれば、本来は思考が解放されていくでしょう。

でも、なぜかそう考えられない人に、僕はたくさん会ってきました。「次に求められるスキルはなんでしょうか？」「いまなにを身につければいいでしょうか？」と、まるでなにかに追い立てられるような雰囲気で、アドバイスを求められることがあります。

誤解のないようにしたいのですが、僕はなにも目標を持って勉強したり、資格取得を目指したりする人を批判しているのではありません。

前提として、**まず「自分の好きなこと」や「やりたいこと」を追いかけて、充実した豊かな人生を送り、結果としてその要素が仕事としても使えればラッキー**だといっているのです。

そう思えない人は、もしかしたらやりたいことをやっているつもりで、「これをうまく使って収入を増やしたい」「みんなを見返したい」などと考えている面があるのではないでしょうか？

自分の好きなことをやって、それが仕事につながればラッキーくらいに思っておけば人生は楽しいはずなのに、それをなんとか収入アップなどに活かそうとしてしまうため、つまずいてしまう面があると感じます。

お金や収入は関心が高いテーマなので、もう少し触れておきます。

先に、ファンは「行動が自動化している」と書きました。これをお金という観点で見ると、ファンはその対象となる人がなにをしようとも（もちろんネガティブな行動は問題外ですが）、お金を払ってくれる存在です。

たとえば、大好きな歌手がステージで歌ったり、話をしたりすることに対してファンはお金を払います。そして、その人が紙に名前を書くだけでも、色紙に値段がついて、ファンは気前よくお金を払います。

考えてみれば、ただの紙に名前を書いただけです。その人も役所で手続きをしたり、契約をしたりするときに、名前なんて散々書くでしょう。でも、そのときは相手がファンではないので、それに対して当然お金は支払われません。

つまり、**ファンというのは「自分の価値を見出してくれる」大切な存在であり、自分の行為に対してファンがつけば、お金もまた同時に入ってくる**ことになります。

ファンというと「人」だけを想像しがちですが、これはマーケットでもいいし、ある仕組みでもいいでしょう。それこそ給料や売上というのは、あるマーケットや仕組みに自分を合わせた対価として得るものであり、どちらかといえば「仕組み」のほうが主体になっています。

でも、いまの時代は、**自分が好きなことややりたいことをする「自己中」な行動に対して、それを受け入れてくれる仕組みがあるなら、それをどんどん利用することができます。**

「わたしがやっていることって、この仕組みに乗っかればお金になるかもしれないな」そう思ったら、主体的に、貪欲に使っていく方法もありでしょう。インターネットによって簡単に情報発信ができるし、仕組み自体もかなり見つけやすくなっています。

仕組みがないなかで自分の好きなことを追求し、しかもお金に変えていくのはなかなか大変です。でも、**「わたしはこんなことやっているんだよ」と誰でも声を上げられるいまは、お金を稼ぐという意味でも、「自己中」な人であるほどいい環境が整っている時代で**はないでしょうか。

スティーブ・ジョブズやビル・ゲイツを支えた「ひとりの熱狂的ファン」の力

デレク・シヴァーズという起業家が、「社会運動はどうやって起こすか」というTEDGlobal の講演で紹介した、ある動画があります。

これはスタートアップ企業のバイブルとしてよく観られる動画でもありますが、まさに「わたしはこんなことやっているんだよ」と声を上げる人が、どのようにまわりを巻き込んでいくかを表しています。

最初は公園で人がひとり裸で突然踊りはじめて、まわりの人はその様子を冷めた目で眺めています（次のページイラスト❶）。でも、次にその人の隣にやって来て、一緒に踊りはじめるひとりのフォロワーが現れます（イラスト❷）。やがて指数関数的に人が増えていき、その場全体が熱狂に包まれていきました（イラスト❸）。

ポイントは、イラスト❷でフォロワーがひとりついたことです。

いわば、「たったひとりのファン」がついたあと、あれよあれよという間にフォロワーが増えていったのです。これが、社会運動が広がるメカニズムであり、スタートアップが熱狂していく姿を見事に表しているのです。

かつてのスティーブ・ジョブズにはスティーブ・ウォズニアックがいたし、ビル・ゲイツにはポール・アレンというひとりのフォロワーがいました。そこからすべてがはじまったのです。

決してスティーブ・ジョブズやビル・ゲイツもひとりでなにかをしたわけではありません。たったひとりのフォロワーがいるかいないかによって、そこから事業が立ち上がっていくかが決まるわけです。

これはとても重要なポイントです。

話をみなさん一人ひとりに置き換えると、いきなり大きなことに取り組んだり、仕組みをつくったりするのではなく、小さなひと振りをすることが重要で、ここでいえば、**「ひとりの熱狂的なファンをつくる」**と考えればいいのです。

自分がやっていることに対して、ものすごく賛同してくれるひとりさえいれば、そのあとは一気にフォロワーが増えていく可能性があります。

よく「ムーブメントやイノベーションを起こす人は天才だ」とする「先入観」があります。それこそスティーブ・ジョブズだからこそできたと思ってしまうのですが、この動画を観ると**ただのふつうの人でも熱狂を生み出せる**ことがわかります。

そもそも全世界約78億人のうちのひとりと比較して、「だからわたしには無理」といってても仕方ありません。しかも、スティーブ・ジョブズやビル・ゲイツだってみなさんと同じ人間であり、神でも宇宙人でもありません。ただ、ほかの人よりもほんの少し、秒単位で判断が早かったり、ミリ単位で視野が広かったりしたのだと思います。その積み重ねが、膨大な差になったのだと僕はとらえています。

ぜひみなさんも、実際にこの映像を見ていただきたいのですが、この動画にはなにか励まされるものがあります。

自分の好きなことをやっていると、きっと誰かが価値を見出してくれる。熱狂的なファンになってくれる人が、世界にひとりはいるかもしれない。この事実に納得できれば、自

分のやりたいことに対して一歩を踏み出せるのではないでしょうか。

自分のやりたいことに踏み出せないのは、端的にいうと、自信がないからです。「仕事にならないんじゃないか」「こんなの続けていて意味あるのかな」「無駄なんじゃないか」「失敗するかもしれないしな」と、やる前から何度も何度も、自分を否定してしまうからです。

それはやはり、「過去」という〝埋没コストの根源〟に影響されている状態なのだと思います。過去に大きな失敗をしてトラウマがあるのならまだわかりますが、トラウマになっていないにもかかわらず、なぜか過去という埋没コストにとらわれている人がとても多いのです。

それは、これまで受けてきた教育や環境に影響され、過去の価値観に支配されている状態です。そうしたマインドセットが、無意識のレベルですり込まれてしまっているのかもしれません。そのため、「せっかくここまで我慢したのだから、やめたらもったいない」「そこそこうまくいっているから、わざわざリスクを負うことはないか」という気持ちになるわけです。

与えられた場所でキャリアを積むことに価値がないとはいいませんが、**いま与えられている場所やポジションにアイデンティティーを合わせる生き方を続けていると、その場所がなくなった途端、生きていく意味を見失ってしまう**危険性があります。

そして実際に、いまいろいろな分野で、そうした既存の「場所」が音を立てて崩れ去りつつあるのです。

「自己中」の思考モデル ――「他者の尊重」と無理なく両立できる理由

僕は本来、自分らしさや、自分を表現する「センス」というものは、人が生きるなかで自然と身につくものだと見ています。**自分のオリジナルの体験を通じてしか磨かれないものであり、机上で学んでもなかなか得られないもの**だからです。

だからこそ、先に書いた「小さなひと振り」をする過程において、同時に「センス」も磨くことができると考えています。

たとえささいなものであっても、自分オリジナルのアウトプットは、すべてその人のセンスによって生み出されます。逆に、ほかの人も真似できる状態になっているのがスキルといえるでしょう。

そこで、**これからの時代は、これまで培ってきたスキルをうまく転用しながらも、「自分の内側から出てくるもの」を武器に、自分のセンスで生きてほしい**と思います。

そうすることで、結果はさておき、少なくとも自分の人生を生きている状態になれます。自分の人生を切り売りする必要がなくなるのです。

この「自分の内側から出てくるもの」を中心にして生きるために、僕がよく講演やセミナーなどで紹介する、多くの人に「イメージ」として持ってほしいモデルがあります。

まずあなた自身が中心にいて、自分が内側から膨らませているエネルギーのようなものをイメージしてみてください。たとえば、**自分の好きなことや興味があること、そしてもっとも大きいのは情熱です。また向上心かもしれないし、挑戦心もあてはまる**でしょう。

こうしたポジティブなエネルギーが膨らんでいき、どんどん広がって、やがて自分を球体のように取り囲んでいきます。

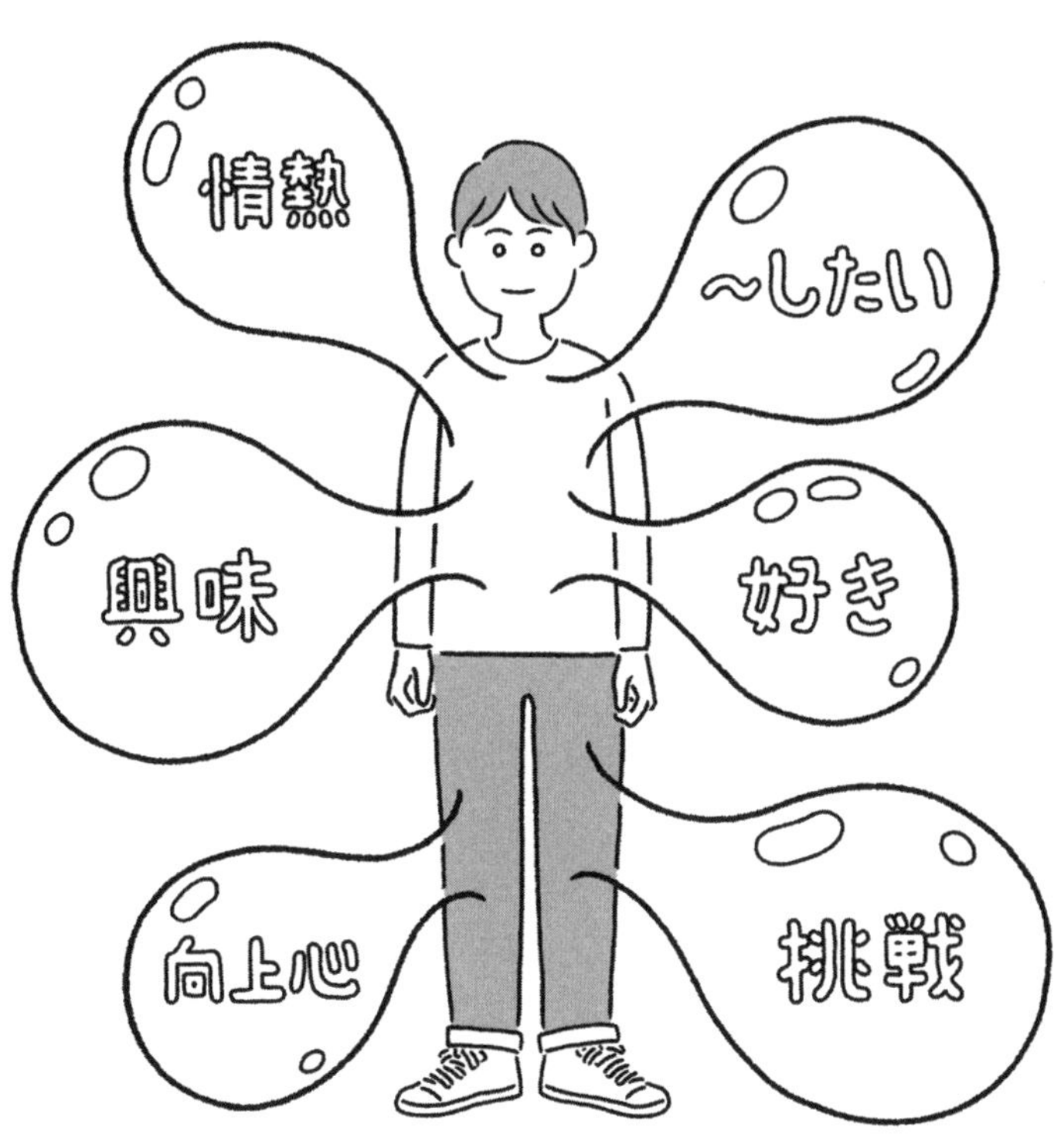
情熱
〜したい
興味
好き
向上心
挑戦

そして、ここで大事なポイントは、そんな球体が空間にぷかぷかと浮いている状態であるということです。

この話をしたときに、「ボールみたいに弾むイメージなんですね」といった人がいましたが、それはちがいます。

弾むという現象は、どこかに地面があり、かつ重力に引っ張られている状態を指します。このモデルに置き換えると、自分が「なにかに支配されている」状態になってしまいます。そうではなく、あくまで重力がなく、常にぷかぷかと浮いている状態をイメージすることがとても大切です。

いわば3次元の空間において、無重力で浮いている状態であり、**中心に自分がいること以外はなにも決まったものがない**。方角もなにもない。

そんな空間に、あなたはただぷかぷかと浮いている状態です。

次に、あたりを見まわしてみると、同じようにぷかぷか浮いている人がほかにもいることに、あなたは気づきます。遠くのほうに同じ方向を向いて浮いている人もいれば、あなたから見て、ひっくり返っているように見える人もいます。すぐ隣にも、まったく別の方向にも、いろいろな場所に、いろいろな大きさで球体が浮いています。

でも、ここでほかの人たちに対して、なにかを気にする必要はありません。空間は無限に広がっているので、どこにいたって構いません。とにかくすべての選択肢が自由である状態。好きなように浮いていていいし、動かずに球体を大きくしていてもいいのです。

先に書いたように、自分を包み込む球体は「興味」や「情熱」や「向上心」などでできています。そこで、もし誰かに興味があるのなら、その興味によって自分の球体がどんどん大きくなることで、あなたとの距離が縮まります。

実際に近づくというよりは、自分の球体を大きくすることで、自分の球体のなかにほかの人が入ってくるようなイメージです。

もちろん、お互いに「通信」することもできるでしょう。なにかをアウトプットすると、なんらかの反応が返ってきます。双方向での通信も自由にできます。

いずれにせよ、とにかく上下左右もなにもなく、常に3次元の無重力空間に、あらゆる人がぷかぷか浮いている意識を持つこと。

これが、いま僕がとても大切にしているイメージであり、価値観であり、世界像です。

3次元のイメージがもたらす「思考の奥行き」

このような一見変わったモデルを、僕が講演やセミナーなどで伝えているのには、もちろん理由があります。

それは、**人間はあまりにものごとを平面的にとらえようとする**からです。

もともと3次元の宇宙空間ですら、人間は2次元で把握しようとします。その典型が星座です。たとえば、カシオペヤ座は、地球から見ればたしかにWのかたちで見えます。

でも実際は、αの星とβの星は、真横に並んでいるわけではありません。人間が勝手にある角度から見て、「これらの星はWに見える」と便宜上そう決めただけの話です。

地球
ε
γ
δ
β
α
W

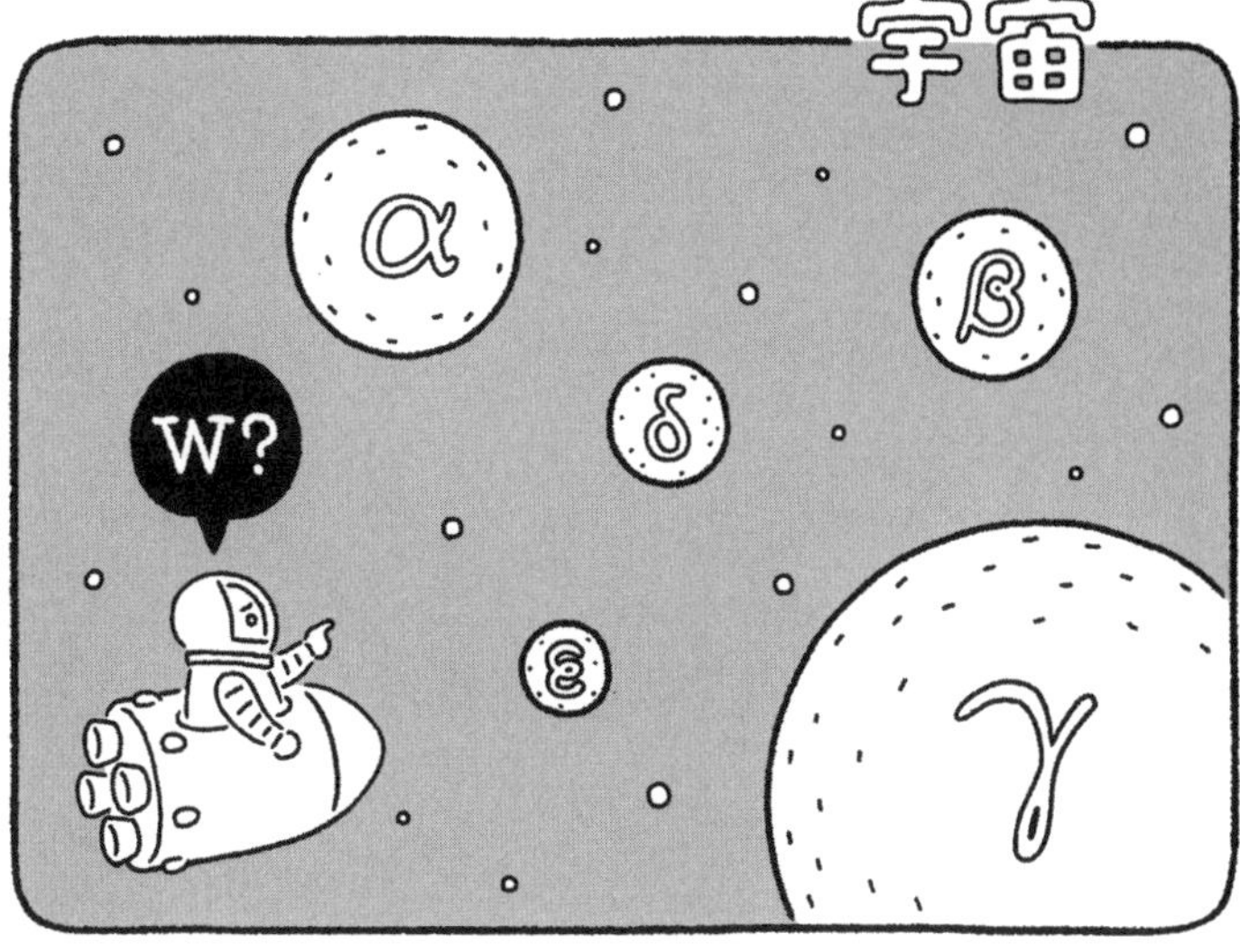
宇宙
α
β
δ
W?
ε
γ

また、あたりまえですが、αの星のほうがβの星よりも〝格上〟であるかというと、宇宙空間にいればまったく関係ありません。星には明るさを表す「等星」という単位がありますが、これも人間がそう決めただけで、星同士が忖度して「あの星さんのほうが明るいから、いうことをきかなくちゃ」と考えているわけではありませんよね。

でも、いったんある視点から座標を決められてしまうと、ただ空間に浮かんでいた星が、「Wをかたちづくっている」とみなされます。お互いにまったく相関関係がないにもかかわらず――。

こんなおかしなことを大真面目にやっているのが、まさに僕たち人間なのです。そして、実に多くの人のなかに、このマインドセットがあらかじめインストールされています。

だからこそ、僕はあえて折に触れて伝えています。

「人間は生まれながらに無限に広がる、概念上の空間に自由に浮いている存在なんだ」

まず自分が中心にあって、そのまわりを球体が包んでいて、それを自由に大きくするこ

とができる。そんな考え方で、みんなが自由に生きればいいと思うのです。

ある意味では、先の星座は外部からの「評価」です。それぞれまったくちがう場所に浮いているにもかかわらず、僕たちは「ある人からどんなふうに見えているか」「どのくらい評価されているか」を、四六時中、気にして生きています。

もちろん、人間は社会的な生き物なので、「この人はこんなふうにものごとを見ている」「会社はこんなものさしで人を評価する」という現実を知るのは、世の中を相対的に把握するための参考にはなるでしょう。

しかし、「わたしっていまカシオペヤの右上にいるの？　それって勝ち組じゃん」などと思うのは、もう人の勝手ですが……カシオペヤの右上にいることが自分の人生かというと、ある角度（評価）から勝ち組に見えているだけで、本質的にはなんの根拠もない見方だといえるでしょう。これはまさに、いずれ埋没コスト化する思考の典型です。

だから、あなたのまわりに、「俺は右上にいるぜ」「あなたって左下だよね」などといっている人がいたなら、万事「あっそ」といっておきましょう。面と向かっていえば無益な争いになるので、マインドとしての「あっそ」でいいかもしれません。

「ああそう。そんなふうに見えているんだね」「よかったね」とだけ、認識しておけばいいでしょう。

あなたは、そんな**よくわからない他者の評価にとらわれる必要はありません。**

気づかないうちに、「そうでなくてはならない」「そうすべきだ」などという、埋没コスト化につながる思考が入り込まないように、自分を包み込む3次元空間にぷかぷか浮かぶ球体を、ぜひイメージしてみてください。

自分のまわりを好きなものでいっぱいに

自分が世界の中心だととらえ直し、「自分のまわりは自分の好きなもので満たしていい」と自分自身に信じさせてあげること。これが、あなたが前に前にと進んでいく第一歩です。

それこそ、様々な困難により精神的にダメージを受けた人たちに、カウンセリングなどで最初になされるのは、「あなたは大切な存在なんだよ」と言い聞かせてあげるアプローチだといいます。自分が自分である原点まで戻ってあげることで、自分をさらに傷つけるのを防ぐという考え方です。

「自分は大切な存在だ」と思えることは、人がよりよく生きていくための大前提です。有名である、美人である、頭がいい、学歴がすごい、いい会社に勤めている、年収が高い……こうしたものは本人のアセット（資産、資源、長所）ではありますが、すべて自分の外側に付いている属性に過ぎません。

そんなものを重視したために、「自分は大事な存在であり、自分を中心に素晴らしい世界がまわりを覆（おお）っている」ことを忘れてしまうと、どれほど外から見て輝いているように見えても、生きるための根本が簡単に揺らいでしまいます。そんな事象は、いま世の中にもたくさん見られるのではないでしょうか。

とくにいまは、ＳＮＳを中心にあらゆる情報が解放され、常に自分を誰かと比べて、自分の価値を相対的に測るのが癖になっている人が多いと感じます。だからこそ、僕はみなさんに「自己中」であることをすすめます。

「自己中」というと、自分勝手やわがままみたいな悪いイメージが浮かびますが、僕はあえて誤解を招きかねないこの言葉でメッセージを伝えています。

「自分が中心になって、自分のまわりを自分の好きなものでいっぱいにしていいんだ」とそうとう自分に言い続けなければ、絶望を乗り越えられない人もいると思うからです。

僕はもともと内向的な面があるので、新型コロナウイルスの感染が拡大して以降、家から一歩も出られない状態はさほど気になりませんでした。

でも、世の中にはかなり動揺している人も多かったようです。「どうしてだろう？」と考えていたところ、あるとき「そうか、みんな自己中に慣れていないのかも」と思ったのです。

「あの人より自分のほうが優れている」「あの人に認められていまの自分がある」といった基準でアイデンティティーを測らなければ、自分の居場所が摑めない人たちがおそらく多かったのです。だからこそ、強制的に家にこもらざるを得なくなって、自分を相対的に測れなくなった途端に、埋没コストが増えてしまってメンタルが不調になってしまう。

自分を信じきることができず、自己をうまく肯定できなかった人がたくさんいたのだと思うのです。

先に『他人とうまくやっていく』という本に触れましたが、そこには「人間が持つ3つの本質」として次の3つが挙げられています。

①「『自分は重要な人間だ』と思いたい」
②「興味の対象は何よりも『自分自身』」
③「『返報性』という自然の法則」

いかがですか？　いってみれば、どんな人間も本質は「自己中」といえるのかもしれません。自分を中心に考えることを非難されるいわれもなければ、自分をわざわざ卑下する必要もないのです。

ただし、忘れてはいけないのは、ほかの人もみんなが「自己中」だということ。**僕も自己中なら、みなさんも自己中。その前提をお互いに認識し合うことがとても大切**です。

「あの人って自己中だよね」と非難する資格はどんな人にもない。

そう思って、僕はいま、できる限り自由に生きようと心がけています。

なぜ、他人とうまくやっていくために「自己中」が不可欠なのか

先に、自分を包み込む球体をどんどん大きくしていくことで、ほかの人との距離が縮まるイメージを示しました。自分の興味や好奇心や情熱を広げていくと、球体が重なる人たちが増えてきて、やがて自分の球体にほかの人が入ってくるようになります。

これこそが、多様な価値観を認め合える「包容力」や「許容力」になるのだと考えています。この資質は、大きなことを成す人たちのひとつの特徴でもあります。

でも、せっかく「自己中」に自分のありたい姿を考えて球体を大きくしても、人とぶつかる人がいます。「わたしはこのやり方をつらぬく」「あなたは間違っている」というように、いつも人とぶつかっている人がいると思います。そんな人は球体ではなく、やはりどこか平面的でとがっているのでしょう。

とがっている部分があるのは、表面積が狭い部分があるということで（とがった先端は

まさに点です)、もはや1次元に近い状態です。いわば自分以外はなにも認めない態度であり、これでは「自己中」をはきちがえています。

本来、**球体は柔らかくしなやかなもので、どんなものにも傷つきにくいかたちです。それゆえに、みんなの「自己中」を認めても、別にまったく平気**なのです。相手を常に受け入れるというマインドであれば、ただ球体が交わっただけで、やれ「ぶつかってきた」「傷つけられた」などとは思わなくなるでしょう。

むしろ球体同士が触れ合うことで、お互いにエネルギーを注入し合えることもできます。球体のあいだを双方向的にエネルギーが移動していくイメージで、お互いに注入し合うと双方ともに大きくなっていく。そんなことも、僕たちは自由にできるのだと思います。

会えばいつも元気をもらえる人や、お互いにポジティブになれる人っていますよね。僕が会いたいと思う人も、この相互作業ができる人です。会うとお互いにチャージし合えた状態になり、「よし、明日からまた頑張ろう」と思える人とは、やっぱり繰り返し会いたくなります。

逆に、たとえ僕を慕(した)ってくれていても、エネルギーを吸収するだけの人だと、僕のエネルギーはどうしてもしぼんでしまいます。**なにかしら相互作用のなかでエネルギーを与え合える関係が、自分を支えてくれる源になっている**と感じるのです。

キャリアという視点で考えても、「お互いに注入し合える関係」の大切さを相手に知ってもらうことがいまとても重要になっています。

パンデミック以降の、どこにも正解が見出せない時代には、**まず自分の頭で考えて、次に他者に対して「GIVE」をして、自分のGIVEと相手からのGIVEの相互作用によって自分の球体を大きくしていく。**

そうすることで、さらに新しい接点やチャンスを広げていく。そんな考え方に変えていくことが大切です。

与えられた条件のなかで、与えられたタスクをこなし、経験を積み上げさえすればいいとする時代は、残念ながら終わりました。いまは仕事の定義すらもアップデートが激しく、あるスキルを持っていれば安泰だとするのは、もはや幻想でしかありません。

これまで花形とされた職業が、ほぼ確実にＡＩに取って代わられるともいわれる状況で

は、なによりもまず、多様な人たちとエネルギーを与え合える関係性を持つことが必要です。

そのためにも、**常に「しなやかである状態」を維持することが重要**なのです。

自分発信の「GIVE」からはじめよう

よく「大人になってから友だちはできにくい」という人がいます。でも、僕は40代になってからのほうが、新しい友だちをたくさんつくることができました。それは先に書いたように、他者に対して「GIVE」することを常に意識していたからだと思っています。

僕はこれを以前から**「ギブファースト」**と呼んでいますが、他者に対してまず自分からなにかを提供していこうと考えたとき、マインドと行動が一致しはじめたのです。

若い頃は、友だちをつくるのがとても苦手でした。学生時代などは、そもそも友だちの意味すらよくわからなかった。

学校という場所は、基本的に同じことを一律に行う前提でデザインされており、少なくとも僕の時代には、学校という場所でなにかを「ＧＩＶＥ」することは求められなかったし、僕もまた自分の価値を表現するフィールドをそこに見出すことはできませんでした。

でも社会人になって、とくに40代以降は、自分が「ＧＩＶＥ」できることが増えて、結果的にいろいろなものごとがうまくまわりはじめ、いざというときに助け合える友だちがたくさんできたのです。

大人になってからの友だちが大事なのは、助け合うときに、特別な理由や条件が必要ないからです。これがビジネスとなると、お金のやり取りが生じて、「フェアな取引かどうか」が理由や条件となるでしょう。でも友だちなら、そんな条件はある意味ではどうでもいいことです。「好きだから」「仲良くしたいから」という理由だけで、細かい条件なんてなくなってしまいます。

たとえば僕はいま、武蔵野大学アントレプレナーシップ学部で専任教員をしていますが、ともに働く専任教員たちは、学部長の伊藤羊一（いとうよういち）さんがダイレクトメッセージで「お願いできますか？」と頼んで集まりました。

羊一さんは、Ｚホールディングスグループの企業内大学「Ｚアカデミア」で、次世代経営層、本部長層に対してリーダーシップ開発を行う方で、ほかにも様々なイベントで幅広い層に向けて積極的に情報を発信されています。また、著書『1分で話せ 世界のトップが絶賛した大事なことだけシンプルに伝える技術』（SBクリエイティブ）は、53万部を超えるベストセラーとなっているそうです。

そんな羊一さんが声をかけた教員たちは、全員が現役のビジネスパーソンで超多忙な人ばかりでした。でも、羊一さんから頼まれたら、

「いいよ。いつから？」

と、全員が即オッケーしたのです。みんながみんな、あまりに「やる」前提で話を進めるので、逆に羊一さんのほうが、

「ほ、本当に大丈夫？　どうしてみんなこんなに協力的なの？」

そう思っていたとあとで聞きました。

これも理由はシンプルで、みんなが羊一さんのことを「だって友だちでしょ？」と思っていたからです。もちろんそこには、「この人となにかやれば絶対に面白い」という予感があるからということはあります。

でも、たとえうまくいかなくても、羊一さんのために全力を出せるなら、それでいいと

自然に思えたからです。

助けを求めるには、あたりまえですが助けを求められる相手がいるということが前提です。逆に「助けて」といわれたら、絶対に自分も助けようと思える人に、「助けて」といいやすいのだと思います。

「せっかく築いた人間関係だから」「付き合いが長いから」「大学の仲間だから」と無理していても、そうした関係性は埋没コストに化けるだけです。それは、むかしからのなんとなくの関係性があたりまえになっているだけで、どこか心がすり減る感じがあるのなら、もう清算していい関係なのだと思います。

自分から「GIVE」することを心がけていけば、人は何歳になってもお互い気持ちよく助けを求め合える関係を必ずつくっていくことができます。そんな関係は、先の見えない時代にあって、あなたの人生を豊かに、力強く支えてくれるはずです。

「過去」がいまの自由を奪う

これまでの人生の「埋没コスト」を抱えながら生きていると、当然、自分の球体を大きくしづらくなります。

繰り返しになりますが、**埋没コストは、基本的に「過去」の話。そして過去というのは、成功体験であれ失敗体験であれ、それに固執した途端にいまの自分を強く限定してしまいます。**

基本的に、過去はいまの自分を拡張させることがなく、むしろ自分の球体を小さくする圧力になりかねないと僕は見ています。

自分の興味や情熱は、本当はもっと広がるかもしれないのに、過去にとらわれることで興味の範囲が狭まり、せっかく芽吹きはじめた情熱もすぐに冷めてしまいます。「自分の好きなもので自分を満たす」方向ではなく、どうしても球体が収縮するほうへと働いてしまうのです。

いわば、埋没コストに押しつぶされていく状態です。

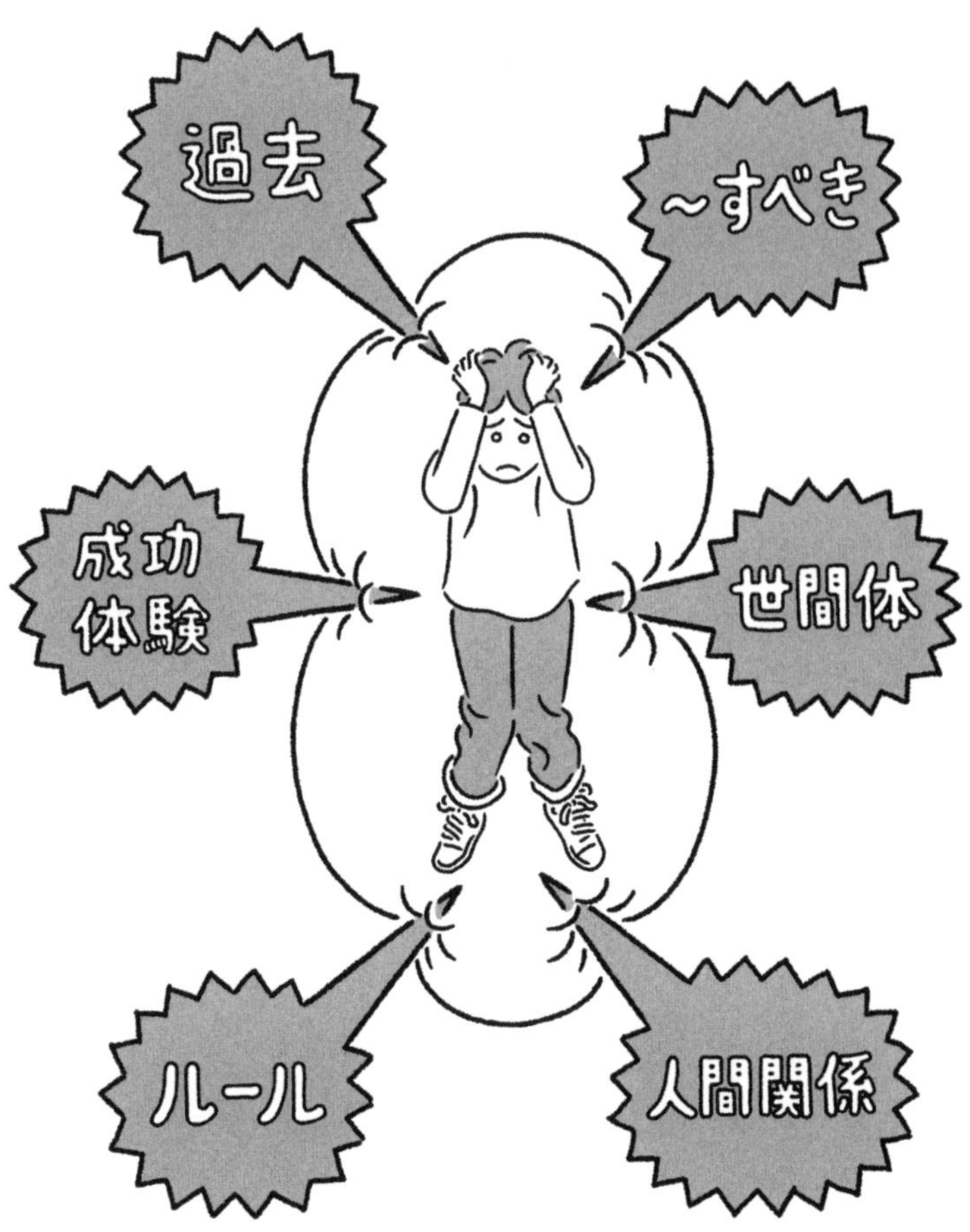
過去
〜すべき
成功
体験
世間体
ルール
人間関係

過去を元にして「未来をつくる」マインドを持てる人ならいいのですが、「どうして自分はダメなのだろう」「なぜあのとき行動しなかったのだろう」などと考え続けていても、明るい未来はいつまで経っても訪れません。

僕自身、もともと完璧主義の性質があるので気持ちはよくわかりますが、その思考のままでいても、いいことはほとんど起きないのです。

過去を振り返って懐かしんだり、「こんなことがあったな」といい思い出として受け取ったりするなら、それはまるでスノードームのように、球体のなかにキラキラと浮いている紙吹雪のようなものです。楽しい思い出なら、人生を美しく彩ってくれるでしょう。

それでも僕は、**過去の出来事は、あくまで「過ぎ去った出来事でしかない」**と考えています。その記憶がいまの自分の情熱に火を点けるなら、それを支えにしてもいいと思いますが、**そんな素敵な出来事を生み出した自分の情熱は、やはりいまの自分の内側にある**ものではないでしょうか。

過去にあった出来事自体が、いまの自分の人生を決定づけるのではありません。

もちろん、僕の過去にあったことも、いま現在の僕のプライドや原動力にはなっていません。いい思い出はよろこびですが、それに固執することはありません。**失敗も成功も含めて、キラキラした思い出にとらわれていても、自分の球体を広げていくエネルギーにはきっとつながらない**のでしょう。

自分だけの球体のしなやかさを維持するのは、ときに大変なこともあります。他人からの意見や指摘、評価、なにかしらのプレッシャーに囲まれるように、しなやかさを失う条件が身のまわりにはあふれているからです。

ただ、それによって「自分の可能性」を小さくしてしまうのが、いちばんもったいない。

そのことを、ぜひ多くの人にイメージしてほしいと思います。

第3章

「やめる」技術

『人間関係』

「心地よい関係性は変わりゆく」ことを前提に考える

気づかないうちにいつの間にか抱えていた埋没コストを解消していくために、どんな方法があるでしょうか。第3章では、実際に、いろいろなことを「やめる」ための具体的な方法を紹介します。

まずは、人間関係からです。

人間関係が埋没コスト化する状態というのは、人生のどこかのタイミングでつくられた関係がそのあともだらだらと続き、「一緒にいることがあたりまえになっている」状態です。

典型的なのは、かつての同級生や同僚。同級生や同僚だったというだけで、いまの自分が無条件に時間を費やす価値があるとは限らないという意味でいっています。もちろん、ずっと価値がある関係性もあるし、あくまでも自分の選択肢のひとつと認識することが大切ではないでしょうか。

いったんそんな可能性があることを念頭に置くだけで、「あれ？　なんだか話が合わないな」「あまり得るものがないのかな」と、変化を敏感に感じ取れるようになります。そう感じたなら、まさにその人間関係は埋没コスト化しつつあるかもしれません。

つまり、**自分の時間をかける価値が、もはやその人間関係にはなくなってしまっているのではないかと、疑ってみていい**のです。

もちろん、かつて一緒に過ごした時間には価値があったと思います。でも、それが継続的に時間を費やす関係を保証するかというと、お互いの成長のベクトルがどうしても変わっていくため、必ずしもリンクしません。

目安としては、**話題が「過去の話や思い出話」ばかりになったり、トレンドのような「インスタントな話題」ばかりになったりしていたら要注意**です。そうした話題がすべていけないのではなく、そんな話題がメインになってモヤモヤ感があるなら、相手と会う頻度を意識的に減らしてもいい頃です。

たまに食べるカップラーメンは最高においしいけれど、それが主食になったら、体にはよくないといえばわかりやすいでしょうか。あなたは、そろそろ栄養のある人間関係を求める時期に差し掛かっているのです。

忘れてほしくないのは、**人間関係は「マッチング」**だということです。

あなたとAさんが会ったときに、あなたがモヤモヤしたからといって、それはAさんが悪いわけでも、つまらないわけでもありません。そこを勘違いすると、「わたしはイケているけれど、あいつはダメ」という目線になってしまい、属性だけで人を判断する人間になってしまいます。

何年かを経て、あなたと相手は「たまたま」そんな関係になったというだけのこと。人間関係はあくまでも「関係」なので、関係性を見直すことはひどいことでもなんでもありません。ただし、**関係を見直したからといって、相手に価値がないことにはまったくならない**と理解しておくことです。

場合によっては、過去にお世話になった人も、そんな関係性になることがあります。僕にも、ずっと恩義を感じる人もいるし、すごくよくしてくれた人が何人もいます。だからといって、無条件にいまの自分の時間を割くかというと、それはまた別問題なのです。**人間関係は変わりゆくもの**です。

過去にお世話になったことの感謝の気持ちは変わらないので、それだけで十分です。でも、無理をしてまで、毎月食事に行ったり飲みに行ったりする行動で感謝の気持ちを表す必要はありません。

向こうから誘われたときでも、自分が行きたい気持ちになれなければ、たとえお世話になった人でもあたり障りのない理由をつけて頻度を調整してみてください。

あくまで、**お互いに価値を与え合えるかどうかに着目**しましょう。

コスト化した人間関係を「やめる」①：
約束の頻度を減らしていく

約束の頻度を減らしていくと、「相手にどう思われるだろう？」「やっぱり失礼なんじゃないか」と心配になる人もいるでしょう。

でも、あなたの行動に対して、相手が本当に「失礼なやつだな」と思うのなら、それこそ関係を清算してもいい時期です。その程度で変わるような関係なら、根本的に価値観がずれてしまっているので、僕なら「もうそれきりでいいのでは？」と考えます。

逆にいえば、**なんらかの違和感を覚えたときに、こちらから会う頻度を減らしていくことが相手との関係をたしかめる試金石にもなる**のでしょう。

「清算」と書きましたが、もちろんいきなり絶交するわけではありません。

あくまで約束の頻度を減らしていくことであり、具体的には「いつか行こうね」「なにかの機会にご一緒しましょう」というように、約束の期日を明確に決めずに、ふわりとした状態にしておくのがやりやすい方法ではないでしょうか。

人生は、あたりまえですがひとり1回しか割りあてがなく、また、いつ一生が終わるかもわかりません。さらに、1日24時間という制限もあるなかで時間の割りあてを考えると、人間関係に使う時間はどうしても見直す必要が出てきます。

「これまでと同じように」と思っても、新しい人とも出会うわけで、どうしても無理がかかってしまいます。そのため、人間関係にはある程度の「優先順位」をつけざるを得ないのです。

ましてや、**これだけ情報が満ちあふれている社会においては、自分を成長させていくためには新陳代謝をどんどん図っていく必要があります。**そんなとき、過去にお世話になったり、仲がよかったりしただけの関係性に縛られると、いまの時間という貴重なリソースを浪費してしまいます。

要するに、**「等価交換」にならない**わけです。

ここでいう「価値」は、相手の人間としての価値ではありません。これだけは常に意識しておかなければ、「相手には価値がない」という思考に陥りやすくなります。

先に、人は「自分を重要だと思いたいという欲求がある」と書きましたが、ひるがえって「他人は重要ではない」という思考になれば、人間関係自体をうまく築けない人になってしまいます。

あくまで、あなたと相手は活躍するフィールドが変わっただけです。そして、お互いに成長していくために、そして幸せに生きていくためにこそ、あなたから約束の仕方を変えていくことが必要なのです。

コスト化した人間関係を「やめる」②：

「みんなが集まる機会」に約束をする

ふわりとした約束をすることに抵抗感があるなら、**みんなが集まる機会に設定する**方法もあります。個別に会うのではなく、「次回のクラス会で会いましょう」というように、共通で用意されている場をうまい具合に活用するのです。

イベントや集まりで紹介されたり、ネットを通じてアプローチをされたりして、「ぜひ一度お会いしてゆっくりお話ししたいです」と誘われたこともあると思います。

相手は、「個人的に誘ったら来るはずだ」と思っていても、こちらからすれば、どうして自分の時間を割く必要があるのか腑（ふ）に落ちない場合もあるでしょう。

そんな相手の意図が摑めなかったり、なんとなく利用されると感じたりしたときは、「今度こんなイベントがあるので、ぜひいらしてください。ご一緒しましょう」と誘ってみればいいのです。あなたが主催するイベントや集まりでなくて構いません。

要するに、個別に時間を割く価値があるかどうかがいまの時点では判断できないということを、まったくちがうアプローチで相手に伝えるのです。こんなことをする理由はシンプルで、やはり人生の時間は有限だからです。**時間というリソースをうまく管理しなければ、いつの間にか「悪意のない他者」に時間を奪われてしまいます。**

ちなみに、誘ったイベントや集まりに相手が来てくれた場合、それはわざわざお金と時間をかけて会いに来てくれたことになり、関係性は少し変化することがあります。ある意味では、「借り」ができた状態になるといえるのかもしれません。

だからといって、無理に付き合う必要はありませんが、相手と新しい関係性を構築するためのいいきっかけになる場合もあるでしょう。

コスト化した人間関係を「やめる」③：
人間関係はリソースではなくリレーション

埋没コストになりにくい人間関係をつくるには、**「相手から奪わない」**かたちの関係づくりも意識してみてください。

僕はよく、「プレゼンを教えてほしい」といわれる機会があるのですが、結果を出す人は、必ずといっていいほど、自分でものごとを解決しようとします。

一例を挙げると、僕の友人に、昆虫テクノロジー企業である株式会社ムスカの前代表取締役CEOを務めていた流郷綾乃(りゅうごうあやの)さんという方がいます。彼女はあるイベントで僕の妻と知り合いになり、「近々コンテストがあるから、プレゼンの勉強方法を知りたい」と妻に相談したそうです。

このとき彼女は、「僕に会わせてほしい」とはいわず、「勉強の仕方を教えてほしい」といったそうです。そこで妻は僕の著書をいくつか紹介したところ、その場ですぐに購入し、そのあとかなり読み込んでくれました。そうして結局、僕に一度も会わないまま、そのピッチコンテストで見事に優勝されました。

その後はじめて僕に会ったとき、わざわざ「ありがとうございました」とお礼をいいに来られて、そのとき事情を知った僕は感激してしまいました。だから、「次からはなにかあったらいつでも相談してくださいね」と伝えて、いまはとてもいい関係性をつくれています。

でも、これとは真逆のこともたくさん経験しています。たとえばイベント会場で、知人を介してたまたま知り合っただけの人から、いきなり「今度プレゼンがあるから教えてください」といわれることがあるのです。

そこで先に書いたように、「近々プレゼンに関するセミナーがあるので、ぜひいらしてください」と返すわけですが、妻を介して僕の時間を押さえるようにいう人や、自分のプレゼンを録画した動画を送りつけて、「見てください」とアドバイスを求める強引な人もなかにはいます。

要するに、これは**「自分の課題はまず自分で解決する」という、社会人の基本である「自己解決努力」ができていない状態**です。

さらに根本的におかしいのは、人間関係を自分の「所有物」としてとらえる姿勢です。**リレーション（関係）とリソース（資源）は、まったくちがうもの**です。リレーションはあくまで相互作用が前提であり、大人ならば「お互いに貢献し合う」ことが必要になると僕は考えます。人間関係はそのように成り立っているし、そもそも社会はそのようにつくられているはずです。

しかし、リソースは所有物です。個人の持ち物なら個人が自由に使っていいのですが、いくらリレーションをリソースとして認識しても、他人を思うがままコントロールできるはずがありません。

このような極端な例でなくても、**「なんとなくおかしいな」と違和感を覚えるときは、リレーションを理由にしながら、リソースを削られている場合が多い**と僕は見ています。

そこで、なにか違和感を覚えたり、時間やエネルギーを奪われていると感じたりするときは、貴重なリソースを守る必要があります。**外資系企業などでは「リングフェンスする」という言い方をしますが、自分の予算や時間などをブロックして、しっかり守り抜くことが大切**です。

世の中にはいろいろな考え方を持つ人がいるので、このリングフェンスの視点をぜひ身につけてください。

コスト化した人間関係を「やめる」④：
ボランティアで「GIVE」を練習する

人から奪わない、奪われない関係を意識したうえで、先にも書いたように、次はぜひ人に「GIVE」する関係性を心がけてみてください。

「GIVE」するものは、自分のスキルでも時間でもなんでも構いません。

もし、「知り合いになりたい人がいるのに取っ掛かりがない」という場合は、僕はイベントなどのボランティアスタッフに応募することをいつもすすめています。

自分が興味のある集まりに出かけていって、「手伝うことはありませんか？」と働きかけるわけです。

この方法は、**会いたい人を自分で選べて、かつ「GIVE」する側にまわれることで、とても質の高い人間関係をつくれる可能性**があります。相手に覚えてもらえる確率が上がり、頑張って働いていたら好印象を与えることもできるでしょう。

僕自身はそこまでメジャーな存在ではありませんが、それでもいろいろな方から年間数千枚の名刺をいただきます（コロナ禍以降は対面の機会も減り、その数は激減しましたが）。すると、はっきりいえば、誰かに名刺を渡されてもとても覚えていられないのです。それよりはボランティアスタッフで案内してくれたり、助けてくれたりしたほうがよほど覚えているし、感じがいい人ならますます感謝したくなります。

僕の知人の著名な方も同じことをいっていましたが、**一度会って覚えているのは、なにかを「ＧＩＶＥ」してくれた人**です。

イベントの現場で道案内をしてくれたらとてもありがたいし、そのときに話すと、あとになって「ああ、あのときの！」と記憶にずっと残ります。登壇者にとっては会場で迷うのは本当に困るので、案内してくれるだけで「困っているときに助けてくれた。ありがとう」となるのです。

もちろん、１００パーセント覚えているとは限りませんが、なにかの機会に名刺交換だけするのに比べれば印象は絶対にいいし、はるかに覚えています。

セミナーや交流会に参加して人脈づくりをする人もいますが、「そうした名刺交換をする場所で関係性ができるのは、よほど偶然が重ならない限り、まれじゃないかな？」と感じます。そもそも会場に誰がいるのかわからないし、自分で相手を選べない場所へ積極的に出かけるのは、まるで宝くじのようなもので効率が悪いように思えます。

もちろん、その意味ではフェアな場所ともいえますが、裏を返せば、限りなく「ＧＩＶＥ」しにくい、貢献しづらい場所でもあるということ。しかも、名刺交換だけをして後日に近づかれると、人はつい身構えてしまいます。相手を覚えていないうえに、意図や目的がはっきりわからないからです。

ちなみにスタッフとしてイベントに参加したとき、会いたい人と話す機会があっても「緊張でなにもできなかった」という人がよくいます。ですが、僕の経験からすれば有名かつ評判がいい人というのは、「自分のほうが上だ」なんてまったく思っていない人のほうが多いと思います。たいていは誰に対してもフェアでフランクに接することができる人たちなので、ぜひタイミングを見計らって話しかけてみましょう。

「どう話しかければいいのだろう？」と思ったあなたは、いまこの瞬間から妄想をしてみましょう。「こんな話題を振ってみよう」とか、「いかに自分がファンであるかをアピールしよう」とか、勝手にあれこれ脳内で考えて、本番さながらのリハーサルをするのです。そうすれば、本当に会いたい人に出くわしたときに、慌てずに話しかけることができるかもしれません。

刺激に満ちた、いい人間関係をつくることができる絶好の機会になるはずです。

『仕事』「貢献」を軸に、仕事の重要度を意識する

ふだんの仕事においても、具体的に「やめる」ことに取り組んでいく姿勢が大切です。

まずお伝えしたいのは、**仕事を「貢献」としてとらえる視点**の大切さです。仕事は自分が成長したり、目標を達成したりするために行う面がありますが、同時に所属する組織や社会に対して貢献するためにも行います。

そこで、自分がもっとも得意なことや好きなことを通じて、「みんなのために貢献する」視点を持つことが、無駄な仕事をやめる突破口になります。逆にいえば、自分があまり貢献できていないと感じる仕事をやめる決断をするのが、まわりにとってもいい影響を与え

るということです。

たとえば会議を例にしてみましょう。**自分がほとんど発言しない会議や、出席だけが目的になっている会議は、時間とエネルギーの無駄の典型**なので、できる限りやめる決断をしてみてください。「これまでずっと出ていたから」という理由なら、それはまさに埋没コスト化している状態だからです。

僕がこういうと、「実際に会議に出ないようにするのは、上司の手前上、会社員にとってはかなり難しいよ」とよくいわれます。

でも、考えてみてください。ただ単に「無駄な会議には出るな」といっているのではなく、**自分がいる意味がない会議をやめれば、そのぶんの時間が浮きます。その浮いた時間で、別の価値あるものを会社に提供して貢献すればいい**のです。

業種ごとに仕事のスタイルは異なりますが、たとえば1時間の会議に出ることをやめて、前後の1時間とくっつければ、2時間のまとまった時間をデザインすることはできるでしょう。すると、集中できる2時間を活用してなにかを生み出すことができるはずです。

多くの人が「いいね！」と思えるような小さな仕組みをつくるのでもいいし、有用なレポートをつくって上司に出してもいい。その時間で営業をかけて、重要な案件を取ってくるのでもいいでしょう。とにかく多くの人がよろこぶなにかを生み出すために、その2時間を割りあてると決めて実行すれば、逆に印象もよくなります。

主体的に時間を生み出せば効率よく活用できるし、結果だってついてくるので、仕事がどんどん面白くなっていくと思います。あくまで自分がもっとも貢献できるものを優先し、**より多くのものを生み出すために、無駄なものを「やめる」思考を持ってほしい**のです。

それでも、「そうはいっても、それは会社にもよるし、ふつうはなかなか認められないよ」と思う人もいると思います。そんな人に僕が問いたいことは、**「実際にやってみたことがありますか？」**ということ。

あるいは、**「いま会社になにが足りなくて、それに対して自分がどう貢献できるかを、考えたことがありますか？」**ということです。

これは残念なことですが、やらない言い訳のために、「そんな勝手な振る舞いは許されないよ」という人を、これまでたくさん見てきました。

もし僕があなたの上司なら、自分で出ない会議を決めて、そのぶん質の高いレポートでも出してくれれば、むしろ「いいじゃん！」と高評価です。ですが、ルールや慣習によらないものを評価できない管理職の人たちが、残念ながらたくさんいるようです。

ならば、自分の主体的な取り組みを、自分の今後の選択肢を考えるための材料にすればいいのです。

もし自分が貢献できることを評価されないのなら、それこそ転職を考えてもいいではありませんか。そんな場所にいても意味がないと、自分自身に納得させる機会になるかもしれません。

コスト化した仕事を「やめる」①：

「優先順位」はあらかじめ決めておく

僕がマイクロソフト社で働いていたときは、社内のミーティングよりも、常に顧客との面談を優先順位の上位に置いていました。これはチーム全員のコンセンサスであったので、社内の会議に出ないことで責められることはまったくありませんでした。

「顧客とのアポが入っています」「この時間はイベントなんです」というと、「そうなんだ」「お客さんに会うの？　じゃあいいよ」と、それだけで済んだのです。

要するに、会議の優先順位がはっきりしていて、顧客とのアポやお金を生み出す用事、価値創造につながる行動であれば、常に会議よりも高い優先順位であったのです。

ぜひみなさんも、自分なりに会議の優先順位を決めてみてください。僕がはっきりいえるのは、**トランプのカードをイメージするなら、「内部の用事は絵札になり得ない」**ということです。

そのためにも、上司に会議を避けていると思わせないように、あえて大事なアポイントメントを会議の時間にあてるような方法も戦略としてはありです。もちろん限界があるので、しっかり上司に伝えたほうがいいですが、自分なりの「絵札」が来たら必ず会議のほうをやめるとみなすのがいいでしょう。

その場その場で考えるのではなく、「自分が価値を創造できることや、会社の外側に力点があるものはすべて絵札にする」と自分の基準であらかじめ決めておけば、決断と仕事のスピードがどんどん上がっていきます。

ちなみに僕は、家族の用事も「絵札」としていました。家族の都合で仕事に穴を開けるのはなんとなく責められる風潮がありますが、その感覚はかなりおかしいと思うのです。自分と大切な家族の「人生の時間」を念頭に置けば、家族の用事は完全なる絵札であり、それに比べればグループの定例会議や部署の飲み会は、僕にいわせるとクラブの3程度のものです。社長が出てくる会議でもダイヤの7、社長の個別面談ならスペードの10くらいのイメージで働いていました。社長が関わる要件ですら、絵札にはなり得ないととらえていたのです。

人によって差はあると思いますが、**自分のありたい優先順位をあらかじめ決めておくと判断が楽になり、効率も上がって、仕事の生産性がどんどん高まっていきます。**

いまはオンラインであっても不必要な会議などを入れて時間を奪いにくる上司がいると聞きますが、自分の人生を守るためにもそんな関係はすぐに解消してしまいましょう。

コスト化した仕事を「やめる」②：

「やらなくてもいいこと」を一切しない

これまで数多くのビジネスパーソンに会いましたが、僕が考える「仕事がデキる人」に共通する特徴があります。

それは、**「短い時間でフレキシブル（柔軟）に判断できる人」**です。

このうち、「短い時間」という要素は比較的できる人がいます。いわゆる作業が速い人は、みなさんのまわりにもいるのではないでしょうか。ただし、作業が速いことは仕事ができる一要素ではあるものの、それ自体では大きな価値にならないと意識する必要があります。

一方、**仕事がデキる人は、むしろ自分の手から作業を完全に手離します**。あるいは「自動化」したり、そもそも作業をなくしたりします。

つまり、作業自体が速いというよりも、作業そのものの意味を考えているのです。自分の頭で仕事の意味を徹底的に考えるからこそ、最大限の効率化、簡略化ができ、かつ短い時間で仕事を終わらせることができるのでしょう。

この「フレキシブル」という要素がより重要ですが、具体的には、**①「やらないでいいことを決める」ことと、②「不得意なことを思いきって人に任せる」ことのふたつ**に分けられます。

まず、①「やらないでいいことを決める」のは難しくはないものの、実行できない人がたくさんいます。やらないでいいことの典型例は、ルーティンの会議や、「とりあえずつくっといて」といわれるレポート（日報）、ていねい過ぎる資料作成など。ほかにも長文メールや、いきなり人の時間を奪う電話、通勤、朝礼、接待……と、数え挙げればきりがありません。

なぜきりがないのかというと、これまでずっと「あたりまえ」にやってきた作業だからです。いわば過去から続けてきた、過去にまつわる作業だということ。まわりにいる誰もがあたりまえに続けてきたことだからこそ、ひとりだけやめるのが難しいわけです。

こうした作業の多くは自分の頭で考えた行動ではなく、他人から与えられた行動です。

他人が考えた、やらなくてもいいことをやり続けているために、多くの人は仕事が遅くなっています。

そこで、過去にまつわるものは、できる限り自動化してほしい。たとえば、誰が読んでいるかもわからないレポートをつくるくらいなら、自動化する仕組みを考えたほうがよほどいいと思います。「このレポートは意味がないのでわたしは書きません」というのは角が立つなら、これをいい機会にして、仕組みをつくるほうへとアプローチを変えてみてはどうでしょう。

たとえばレポートをつくる際に、数値化できるデータベースが分散していることに気づいたら、それらをまとめる仕組みをつくって自動化したほうが、みんなにとってよほど価値がある仕事になるはずです。

いったんそうした発想を持つと、無駄なものごとに自然と目が向くようになり、小さくても自分が貢献できることが増えていきます。つまり、**無駄なことを「やめる」のは、みんなが気づかなかったことをあきらかにして、新しい価値を生み出す手段を提案し、貢献するのと同義**なのです。

「やらないでいいこと」は、誰の得にもならずに時間を奪う作業です。

時間を奪うものに時間を費やしているのだから、仕事がデキるようになるわけがありません。かつては「先輩もやってきたんだから」といって、こうした作業を我慢してやることで、昇給や昇進、上司の機嫌を取れるなどのメリットを得られる時代もありました。

しかし、いまの時代に我慢は埋没コストでしかありません。**本気で仕事をデキるようになりたければ、やらないでいいことを決めて、実際にやらないことがなにより大切**なことなのです。

コスト化した仕事を「やめる」③：

不得意なことは思いきって人に任せよう

そのうえで、②「不得意なことを思いきって人に任せる」ことができれば、仕事のスピードは劇的に上がります。ポイントは、人に任せられる環境を整えておくことにあります。

「この件はあの人に頼もう」と連絡したときに、相手に断られないような信頼関係をあらかじめ構築しておくわけです。

「あの件、あなたのほうが絶対得意だからお願いできない？」

「もちろんいいよ。あなたのお願いを断るわけがないでしょう！」

仕事がデキる人は、こんな信頼関係をふだんからたくさんつくっています。

こうした**信頼関係は、学歴や肩書きや会社名といった属性に頼っていては得られません。**いまの時代は属性がみるみる価値を失っており、**属性に依存する人がたくさんいる場所に、優秀な人材は集まらない**のです。

すると、そうした会社は経営が行き詰まり、結果的に淘汰される可能性が高くなります。

信頼関係をつくるために、ふだん社内でのコミュニケーションに注力している人もいると思います。たしかに社内で敵ばかりの人は、いざというときに誰も助けてくれませんから、社内での円滑なコミュニケーションは重要です。

ただ、より大切なのは、なんのために社内でコミュニケーションするのかを考えることにあると思います。うまく世渡りをして自分だけ得をしようとしていては、まったく意味がありません。組織に属している以上、「組織に対して価値のある貢献をする」ことが仕事人としての大前提だからです。

そのためには、円滑な人間関係づくりだけに固執するのではなく、**「自分の能力を最大限発揮できる場所に自分の身を置くこと」にこだわって**ください。

組織全体の最適化を図るためには、一人ひとりが自分の能力を最大限に発揮することが欠かせません。それゆえに、自分が不得意なことはできる限り人にお願いする必要があるのです。

「自分に向いていない仕事」「向いていないと自分で疑っている仕事」をやっている人は結構います。これは実は根深い問題で、日本の会社では人事異動という名のもとにそれを強要される面があるのです。プロ野球でたとえると、経験を積ませる名目で、エースピッチャーを4番ファーストにコンバートするようなことがあたりまえのように行われます。

期待の裏返しなのかわかりませんが、「将来は監督もやってほしい」「キャッチャーもやらせてみよう」などの思いつきによって、プロ野球ならあり得ないむちゃくちゃなことがビジネスの現場では平気で行われます。ふつうに考えれば、ピッチャーにはピッチングに最適な環境を整えるのがベストではありませんか。

よく、「ジョブ型」「メンバーシップ型」といわれますが、多くの日本の会社は社員全員で事業に貢献させる考え方のため、個別で見ると、向いていない仕事を無理矢理やらされる面がとても多く見られます。僕にいわせれば、これはメンバーシップ型といいながら、もはや暴力に近いものを感じます。

これまでは終身雇用と年功序列という〝約束事〟があったので、このやり方も通用しました。嫌な仕事や向いていない仕事でも続けていくと、たとえ価値を生み出せなくても、とりあえず一生面倒を見てもらえる約束事があったのです。

しかし、いまはそれも崩壊しつつあるので、**自分の能力を発揮できる場所に身を置くのは、自衛手段としても絶対に必要なこと**です。向いていない仕事に時間と体力を使うと、人生の貴重な時間を無駄にしてしまいます。体にも堪（こた）えるし、睡眠不足になったり、ストレスを溜めたりしてどんどん追い込まれていくでしょう。

だからこそ、向いていない仕事を頑張ることに時間を割いたり、価値を見出したりすることは避けたほうがいいのです。

それでも頑張ってしまう人は、いまだ昭和の感覚が抜けていないのかもしれません。これは、20代のビジネスパーソンでも同じです。

むしろ若い人は素直なところがあって、親や上司から「若いうちは買ってでも苦労しろ。きっと明るい将来がある」などといわれると、いとも簡単に古いやり方や古いマインドをインストールされてしまうのです。

でも、いま世の中に大きなリセットがかかるなか、そんな非合理的な考え方はまったく通用しません。**仕事のあり方に違和感を覚えているなら、それは自分の働き方が埋没コスト化しつつある兆候かもしれない**ので、あらためて自分の働き方を厳しい目で振り返ってみてください。

『モノ・お金・時間』判断基準は「豊かな時間」

次は、「モノ・お金・時間」の埋没コストを具体的になくしていく方法です。「モノ・お金・時間」とまとめたのは、僕はこれらをセットで考えたほうが、結果的に豊かな体験を得られやすいと考えるからです。
端的にいうと、**モノを買うにはお金が必要ですが、そのお金を使うことによって、同時に「豊かな時間」が生み出されるかどうかがポイント**になります。

僕の友人である独立研究者の山口周（やまぐちしゅう）さんは、「役に立つ」という価値か、「意味がある」という価値かの二者択一がいま求められているといいます。そして、「『欲しいものは何ですか？』って聞かれて、パッと出てきますか？」と問いかけています。（山口周、水野学著『世界観をつくる「感性×知性」の仕事術』朝日新聞出版）
この文章を読んだとき、僕は本当に「ほしいもの」がなかなか思い浮かびませんでした。いや、ほしいものはいくつかあるのですが、それはどれもなんとなく「役に立つモノ」かもしれず、本当に心からほしいかといえば、断言できない面もあったのです。そんな人は意外と多いのではないでしょうか？
また「役に立つモノ」で考えても、世の中には役に立つモノがあまりにあふれていて、同じメーカーでも細かな機能やデザインのちがいだけで、何種類もの製品が発売されている状態です。役に立つモノというのは、いまどんどんコモディティ化していて、価値が下がっている状態にあると考えられます。

とはいえ、「役に立つ」こと自体は侮れません。最新の洗濯乾燥機はあきらかに役に立つし、洗濯に手間をかけるのはあまりに時間がもったいないので、それは洗濯乾燥機に任せておけばいい。その意味では、**役に立つモノを買うのは、同時に「時間」も買うこと**であり、そうしたお金の使い方はひとつ考えられるでしょう。

では、自分があこがれていて、すごくほしかった車はどうでしょうか？　車は機能的にも当然役に立ちますが、あこがれていたモノというのは、そもそも乗車している時間そのものが価値を生み出します。

あるいは、道端に停めて眺めているだけで心が豊かになるかもしれません。すると、それは「豊かな時間」を得ていることになり、自分にとって大きな価値が生み出されるわけです。

かつ、自分がいつでも乗れる状態であるから豊かな時間を過ごせるわけで、所有することにも意味が生じるでしょう。いまはシェアリングの時代といわれますが、僕は自分を豊かにするための所有にお金を使うのは十分にありだと考えています。

ポイントは、**自分の「豊かな時間」は、コモディティ化しない**ということ。おそらくそれが、「意味があるモノ」になるのでしょう。

一方、流行っているからといってあまり考えずに買ったり、お付き合いで消費したりするのは、意味合いがまったくちがってきます。それによってある程度の時間を得られたとしても、自分の人生を豊かにするとは限らないからです。

これは**同調圧力に自分を乗せてしまっている状態であり、もっといえば自分の頭で考えて選択していない状態**かもしれません。

あくまで、**自分が「豊かな時間」を得られるかどうかの判断基準で、「モノ・お金・時間」を考えることが必要で、そうでない使い方は「やめる」方向で考えたほうがいい**のだと思います。

コスト化したモノ・お金・時間を「やめる」①：

「ふだんの時間の使い方」を意識しておく

僕はいま、千葉県の海沿いにも、自宅兼仕事場を設けています。この場所は海を眺めながらゆっくりするプライベートな時間のために設けたので、家のまわりには驚くほどなにもなく、いちばん近いコンビニも数キロ先という場所です。

そこで過ごしていると、いかに都会で暮らすことで自分の時間が奪われていたかがよくわかります。コンビニひとつとっても、都会では近所にいくつもあるため、なにかあればすぐふらりと出かけてしまいます。また、仕事においても移動手段が整っているため、必要性が薄いにもかかわらず、対面のために「とりあえず」移動するなどの行動が多数発生してしまうのです。

こうした「時間を奪われている感覚」は、多くの人が感じながらも、常に意識して生活しているわけではありません。都会にいればそれが日常なので仕方ないのですが、そんな**自分の時間の使い方が、長年の習慣から埋没コスト化している場合がある**ことには注意が必要です。

都会での時間の使い方が身に染み込んでいると、都会とはちがう場所へ行ったとしても、同じような時間の使い方をしてしまうことがあります。

都会とはちがう時間の流れ方を感じるには旅行という方法がありますが、なかには旅先でもギチギチに予定を入れて「せっかく来たんだから……」と予定をこなすことが目的化してしまう人もいるようです。つい「有名な観光地は全部まわらないと損だ」という気持ちになり、頑張って見てまわったあとで、どこに行ったのかよく覚えていないというのはありがちです。

そうなるくらいなら、僕は現地の生活や空気感に触れながら、なにもしないでのんびり過ごすほうがよほどいいのではないかなと感じます。

かくいう僕も、観光地をたくさんめぐったこともありますが、結局はその土地でゆっくり過ごした時間のほうが思い出に残っていることはよくあります。

たとえば以前、広島の宮島に行ったときに僕が鮮明に覚えているのは、海岸のそばの石垣に妻と一緒に座って、日が陰り、潮が少しずつ満ちてくる様子を3時間ほどぼーっと眺めていたときのことです。ただ海を見ていただけですが、それがとてもいい思い出として残っています。

こうした時間の使い方は、誰にも邪魔されずにのんびりと過ごせて、あとになっても思い出して話せるほど記憶に残るため、旅行としての価値はとても高まります。

「豊かな時間」を過ごすことは、豊かな人生を生きることにつながります。

ふだんの時間の使い方をどこにでも持ち込んでしまわないように、時間の使い方（予定の入れ方）も埋没コスト化していないか、ときどき意識したいことのひとつです。

コスト化したモノ・お金・時間を「やめる」②：「幸福の解像度」を上げる

このような、**ふだんの日常を過ごすなかで「時間の質を上げていく」ことを、僕は「幸福の解像度を上げる」作業**ととらえています。

一例を挙げると、僕は外食のときには、たいていお店の人と会話できるカウンター席に座るようにしています。そして、食べながら「これ、すごくおいしいですね！」と話しかけるのです。

僕が外食の際にやっていることは、レストランに行って、料理を食べて、お酒を飲んで、お金を払って帰るというひとつのルーティンであり、誰にだってできることです。でも、そのプロセスにひとつだけ足しているのが、つくってくれた人に「おいしい」と直接フィードバックをすることなのです。

特別な場所に限らず、それは立ち食いソバなどでも同じ。「おいしかった」と返すぶんには相手は悪い気はしないはずなので、そんなフィードバックを返すのも時間の過ごし方のひとつとして大切にしています。

相手にわざわざ伝えるのは、あくまでも自分がいい気分でその時間を過ごすための方法です。相手にお礼をいうことで、相手も自分も気分がよくなるし、もしかしたら面白い話をしてくれるかもしれません。

特別なことをしなくても、**ふだんと変わらない日常のなかで「豊かな時間」をつくることは、心がけ次第でいくらでもできる**のだと思います。

幸福の解像度を上げる作業として、もうひとつ、海沿いの土地を拠点にしたことで、以前からやってみたかった「焚(た)き火」をはじめました。これもなんのことはない、ただ木を燃やして炭化していく様子を見るだけの行為ですが、これがとても心豊かになるひとときなのです。

炎をよく観察すると、とても複雑な模様が現れては消えて魅せられます。暖かいので心身ともに安らぐし、焚き火の時間を持つことで、あらためて火のもたらす安心感が人間の根源的な部分につながっていると実感しました。

むかしならあたりまえにできたことが、都会では自由にできないことにも思いあたります。都会というのは自然が乏しいため自然の災害からは守られている場所ですが、逆にいえば、人間の根源的な欲求の自由が奪われている場所だともいえそうです。

これまでキャンプなどで焚き火の経験はしていましたが、あえて田舎の家で焚き火をするのには、長年の都市生活にどこか飽きていたこともあるのでしょう。

僕は、長年にわたり最新のテクノロジーに触れ続ける生活をしてきたので、一般の人に比べればテクノロジーの恩恵を受けてきたほうだと思います。

一方、人類が手にした最初のテクノロジーのひとつが、まさに「火を使いこなすこと」でした。ユヴァル・ノア・ハラリ著『サピエンス全史 文明の構造と人類の幸福』（河出書房新社）には、「（火で）調理をするようになったおかげで、人類は前よりも多くの種類の食物を食べたり、食事にかける時間を減らしたりでき、小さな歯と短い腸で事足りるようになった」と書かれています。火は、人類が人類たるゆえんのものなのです。

もしかしたら、そんなサピエンスの遺伝子の影響を強めに受けていて、いま僕は、その根源的な部分に1周まわって戻ってきたような気がしています。

僕が23年、マイクロソフトに勤めて抱えていた「埋没コスト」

毎日を多忙に働いている人はたくさんいると思いますが、そんななかで、僕にとってのただ火を見つめるような時間、なにも考えない時間やぼんやり過ごす時間を意識的につくれている人は、それほど多くないような気がします。

かくいう僕も、前職のマイクロソフト社をやめたのは、そんな時間を誰に遠慮することなく用意したかったことも理由のひとつでした。なぜなら、自分が直接関わらないグローバルに点在するほかの社員の動向が、なんとなく気になるような生活がずっと続いていたからです。

どういうことかというと、僕が務めていたマイクロソフト テクノロジーセンターのセンター長は、全世界に40数名いて、それぞれ時差があるなかで働いていました。すると、ほかの国の仕事は僕には直接関係がないものの、同じ役職の人が存在し常時どこかで動いていることがどうにも気になってしまうのです。

彼ら彼女らから学ぶことがあるかもしれないし、自分がなにかヘルプできることもあるかもしれない。そんな「かもしれない」が、常時動いているような状態でした。もちろん、そんな「かもしれない」をていねいに拾っていくと、場合によってキャリアアップにもつながるわけですが、ほかにも膨大な要件があるなかで、アクションにつなぎきれていない状態もずっと気持ち悪く感じていました。

国内においても、たとえば細かいレポートをもっと頻繁に書けばキャリアアップにつながるのは明白でしたが、それは僕の本分ではないとみなしていました。でも、社内の立場があるので、どこか気になるわけです。そんな「気になるポイント」が、あまりに増え過ぎていた状態でもあったのです。

そこで、**「僕ひとり以外誰もいない状態のほうが、むしろ快適に働けるのではないか？」**と思いました。そうすれば、僕以外の人たちが、僕の知らないところで活動しているのを始終気にしなければならない状況から完全に離脱できます。**自分がやることだけに集中し、自分の人生の質を上げていくことだけに時間を使えます。**

これはまさに、思ったとおりでした。まず独立して明白になったのは、メールの未読件数を毎日ゼロにできることでした。理由はシンプルで、僕に届くメールはすべて自分に関係するものだからです。

以前は、自分がたいして関係しないメールなども毎日たくさん入ってきて、それらすべてが視界に入る状態でした。もちろんその多くは細かく目をとおさないわけですが、自分との関わり具合が微妙に強いものが混じってくると、やはりどこか気になるのです。

では、なぜ気になるのかというと、これこそが僕の埋没コストだったのかもしれません。つまり、長年にわたって会社員生活を続けていたために、「メール未読のようなささいなミスからキャリアが傷つくのは嫌だな」と、心のどこかで思っていたのです。

そんな気持ちになってしまっていた自分のリセットと、「人生の質」の向上を考えた結果、「もう次のフェーズに行ってもいいかな」と考えたということです。

いま思うのは、**自分の「人生の質を上げる」という視点を持っていなければ、おそらく会社をやめていなかった**はずです。なぜなら、社内である程度の立場もあったし、会社の仕事には既存の設計図があるので、正直なところやめないほうが楽だからです。もちろん、経済的な面でもいまよりは安定していたことでしょう。

でも、そんな場所でフルコミットすることに違和感を覚えてしまった自分がいた。たまたま世界的な激動の時期と重なりましたが、やめるには最適なタイミングだったと思っています。

『固執・古いやり方・成功体験』

目的に対して徹底的に焦点をあてる

これまでうまくいっていたやり方や過去の成功体験が、いつの間にか埋没コスト化するのを防ぐ方法として、第1章ではスキルをセンス化することや、自分が好きなものを掛け合わせるアプローチをお伝えしました。

僕は、**大切なのは自分なりの「結果」や「成果」であり、それらを出せなくなった方法や成功体験は、きっぱりと捨て去ったほうがいい**と考えています。

やり方やプロセスは、あくまで手段です。つまり、**プロセスを重視し過ぎてしまうと、手段が目的化してしまう。**「頑張ったけれど、残念ながら結果は出なかったね」という結末は結構ありがちで、日本社会ではこうした経験も評価の対象にさえなることがありますが、僕にとってはやはり本末転倒でしかありません。

僕は、かつてシアトル・マリナーズで活躍したイチローさんが好きなのですが、まだ日本にいるとき、イチローさんは「振り子打法」で頭角を現しました。片足を大きく振り上げ、振り子のようにタイミングを取りながら、ベストのタイミングで打つ方法です。でも、イチローさんは大リーグに行くと、メジャーのピッチャーに対応するために、代名詞でもあったこの打法をあっさりと変えてしまいます。

足を打席につけたまま、ほぼノーモーションで振る打法にしたのです。彼はヒットを打つほうがよほど重要だと考えていたので、自分が日本で編み出したスタイルにまったく固執しませんでした。

自分が結果を出すために、なにが最適な方法なのか――。それを常に高いレベルで追求する姿勢が、彼を前人未到の領域に連れて行ったのではないでしょうか。

まわりの状況は日々刻々と変わるため、これまでうまくいったやり方や、そこから生じる成功体験にしがみついていると、結果が出なくなるのはあたりまえです。最悪の場合、ひどいスランプに陥って抜け出せなくなることもあります。

大切なのは、**あなたは「なにをもって成功とみなすか」**ということ。

そのためには、まずプロセスを重視し過ぎるのをやめてみましょう。**仕事でもなんでも、常に「目的を達していくこと」に焦点をあてる意識が大切**なのです。

固執・古いやり方・成功体験を「やめる」：
やってみてはじめて質問が具体化する

「プロセス偏重型」をやめると、必然的に、行動の選択肢が格段に広がります。でも、人は自由を与えられると、逆になにをしていいのかわからなくなりがちですよね。そんな人がよく口にするのが、「どうすればできますか？」という質問。

それに対して、僕はいつも「やってから考えてみればいいですよ」と答えます。つまり、**「なにかをやる前に考える」のをやめる**ということです。

やったことがない人の質問が、実はいちばん難しい。なぜなら、なにを教えるにしても、やったことがない人にいくら言葉で説明しても、「これはやってもらったほうが早いな」と感じるからです。

僕は趣味で空手をやっているのですが、空手の下段蹴りをされたことがある人はきっと多くはないでしょう。というより、ほとんどの人にその経験はありません。でも、そんな人に下段蹴りを防ぐ方法を教えても、「こうすればいい」とはいえますが、実感としては伝わらないのです。相手の腰の辺りを見てその初動で足を上げるとか、蹴りが出てくるタイミングなどは、実際に一度蹴られてみなければいくら説明してもわかりません。

実際に蹴られて強烈な痛みを体験すると、「もう二度と蹴られたくない！」と思って、本能的に体を動かせるようになっていく。つまり、蹴りを防ぐためにいろいろな動きを試行錯誤して、具体的かつ効率的に習得していけるわけです。

だからこそ、**「どうすればできますか？」と問う前に、まずはなんでもやってみて、体験する姿勢が大切**です。一度でもやってみてはじめて、具体的な質問をすることができるし、そこから改善していくこともできます。

これは仕事でもまったく同じこと。なにかをはじめたばかりの頃は、誰かに教えてもらいながら、同時に自ら体験することで学んできたはずなのです。

ただし、しつこいようですが、成功体験の罠には注意してください。とくに、ある程度経験を積んだ人に限って、ビジネスを取り巻く状況が変わっているにもかかわらず、「まず体を動かせ！」「とにかく現場に行け！」などといいがちです。

これがもっとも厄介な、「知っているつもり」になる状態。いくら「営業ひと筋何十年やってきた」といっても、古い成功体験に固執するあまり、新しい手法や最新のテクノロジーなどを用いなければ、効率がどんどん落ちて、結果的に会社に対してまずい状況を引き起こしかねません。

成功体験を持つ人ほど、自分の成功体験に固執します。

そんな態度では、まわりも「あの人はうまくいった人だから」と意見をいいづらくなります。それらはすべて、いまは効力を失った過去の延長線上でものごとを考え、生きてしまうからなのです。

『夢・目標』「全力でやってきたこと」のとらえ方を変える

若い頃から持っている夢や目標もまた、必要なようでいて、いつの間にか埋没コスト化

しやすいもののひとつです。

もちろん、僕にも若い頃に持っていた夢や目標はありました。でも、いま思い返すと、おそらくほとんどは手に入っている気がします。なぜなら、一つひとつの夢や目標がとても小さかったからです。

たとえば、子どもの頃は「スポーツで認められたい」という気持ちがいつもどこかにありました。その目標は子どものときには叶えられませんでしたが、大人になってから時間をたっぷりかけてスキーや空手に取り組み、ようやく運動オンチと思うことがなくなりました。すると、スポーツで認められるようになるという目標は、ある意味では実現した状態といえます。

ある程度のお金を稼げるようになりたいとも思っていました。ポイントは「ある程度」というところにあります。やがて時間が経つごとに少しずつ稼げるようになって、「ある程度」の状態をつくることができました。

このように、僕の夢や目標は一つひとつが小さかったので、いま実現できていなくてモヤモヤしていることはあまりありません。

夢や目標を明確に打ち立てて、それに向かって突き進む人もいると思います。方法は人それぞれだし、いわゆる逆算思考が有効な場合もあるでしょう。

ただ、まわりでいろいろな人を見ていると、そうした**夢や目標の追い求め方がかえって自分の首を絞めている場合もある**ように感じます。

僕の場合、夢や目標は常にぼんやりしているか、極端にビジュアル化したイメージになるようです。50歳を過ぎて海沿いの街に住んでいるのも、思えば、若い頃に好きだった片岡義男（かたおかよしお）さんの小説の影響があるのかもしれません。浜辺、ドライブ、サーフィン……といったイメージが頭のどこかに残っていて、気づかないうちに海沿いの街に惹きつけられていたともいえそうです。もちろんこれは、「いま思えば」ということですが。

いずれにせよ、**夢や目標は自分に合った方法で求めればいい**のだと思います。

そのときに気をつけたいのは、**あまりに意識的にビジョンを固め過ぎると、それに縛られてしまう場合もある**ということです。要するに、「これだけ続けたのだから」と思って夢や目標からうまく抜けられなくなり、結果が出ないいままずるずると続けてしまう場合もあり得るのです。

こうした夢や目標の問題について思い出すのは、ボイスメディアVoicyのファンフェスタで鼎談(ていだん)をしたときのことです。

お相手のひとりは、ヴィジュアル系バンド、アリス九號.(ナイン)のヒロトさん。現役の売れているバンドで、代々木体育館や武道館を満席にする実力の持ち主です。誰かがプロデュースしたわけでもなく自発的に活動をはじめ、結成2カ月で2500人の会場を満席にしたという、最初からうまくいっているバンドです。かつ17年にわたり不動のメンバーであり、完全に自分たちでビジネスをまわしている、まさにバンドマンの成功者です。

そしてもうひとりは、ヴィジュアル系インサイドセールスつつみさん。彼ももともとヴィジュアル系バンドをやっていましたが、成功とまではいかなかったそうです。でも、30歳を過ぎて、自分なりに「すべてやりきった」と思い、サラリーマンに転身した異色の経歴の持ち主です。

その意味では、つつみさんは夢を途中で清算した人です。そして現在は、ヴィジュアル系バンドの経験を存分に活かしてインサイドセールス(※)を展開し、とても活躍されています。なんといっても、セールスとヴィジュアルのギャップが、キャラクターとしてもものすごく立っているのです。

さて、ふたりと話したとき、僕は夢と成功の関係についていろいろ考えることになりました。まず、ヒロトさんは明確な夢を描くというよりも、音楽という自分の楽しみのなかでずっと生きている人という印象でした。それこそ18歳の頃からずっと現在進行形で、大好きな音楽とバンド一筋で生きてきた人です。

一方、つつみさんは夢をあきらめた人かというと、僕はそうではないと感じました。むしろ夢を追いかけた結果として、その先に拓かれたキャリアで優れた成果を上げている成功者です。

もちろん、つつみさんはバンドで売れることを夢見ていたのですが、自分で「やりきった」と感じたとき、バンドをやっていた事実をまったく恥じませんでした。むしろ、そのときのキャラクターを、文字どおり「そのまま」活かすアプローチでサラリーマンをはじめたのです。つつみさんは髪をピンクに染めていて、非常にインパクトのある外見をしています。インサイドセールスは相手に顔が見えないので、実際会ったときにその見た目は顧客に大いに驚かれ、よろこばれるそうです。

僕よりもふたまわり近く年齢が離れたふたりですが、僕はたくさん学ぶところがありました。そして、夢や目標を埋没コストにしないための、シンプルで強力な方法をあらためて確認できたのです。

それは、**夢や目標を立てることに熱心になるのではなく、ただ「自分がやりたいこと、好きなこと、情熱を持てることに、持てるすべての力を注ぎ込む」**ことです。

全力で取り組めば、後悔する気持ちや劣等感も減っていきます。

そして、**もし夢や目標が叶わなかったとしても、それまで全力でやってきたことを、かたちを変えて活用すればいい**だけなのです。

※インサイドセールス
電話、メール、ビデオ会議システムなどを使って顧客とコミュニケーションを行う営業手法

コスト化した夢・目標を「やめる」①：

1本足打法はコスパが悪い

夢というキーワードでもうひとり思い出す友人が、株式会社俺のＣＥＯで、ビジネスコミュニケーションにお笑いを取り入れた「コメディケーション」研修などを展開する、元

お笑い芸人の中北朋宏さん。

彼はお笑い芸人として6年間活動したのち、27歳のときに芸人をやめました。もともと「このくらいの年齢で芽が出なかったら」とコンビの相方と話していて、その相方が30歳になった頃にやめたそうです。

聞くと、彼も売れない芸人はこれまで何人も見てきたといいます。夢をあきらめきれずに、40代半ばになってもアルバイトを続けながら、お笑い芸人として活躍することを目指している……。もちろんこれから芽が出るかもしれないし、人生はなにが起こるかわからないので、一概にいい悪いの判断はできません。

でも、それが「筋のいい戦略」かといえば、そうでもないと思えます。なぜなら、生活のための仕事を長時間しながらでは、肝心の「芸を磨く」部分すら満足にできなくなる場合もあるからです。

つまり、**夢や目標が埋没コスト化すると、夢を目指すプロセスのなかでなにかを学んだり、磨いたりすることもできなくなっていく。**自分よりあとに出てきて売れる芸人なんてたくさんいる世界ですから、妬みの気持ちなどが生まれてしまうと、とても不幸な状態になってしまいます。

だからこそ、僕は**夢や目標を「あきらめる」ととらえるのではなく、1回シフトチェンジするのが大事**ではないかと考えます。どんな世界にも、夢や目標に向かい頑張ってきたのになかなか叶えられない人はいますが、いったん仕切り直して、「また戻ってくればいいじゃない」と思うのです。

そして、「1本足打法」である必要はないというのも、夢を叶えるにあたりお伝えしたいことです。それこそ芸の世界のように、修行と下積み期間が大切という考え方もあるかもしれませんが、方法は他人から押しつけられるものではないと、僕は考えます。

お笑い芸人でいえば、最近ではキングコングの西野亮廣（にしのあきひろ）さんは、絵本作家という顔もあれば、オンラインサロンの運営者という顔もあれば、著作も出している。いわば、自分がやりたいと思うことをいろいろしているわけです。

しかも、お笑い芸人なのにテレビに出ない。そのことで「お笑いとしては邪道」ともいわれるそうですが、芸人1本でやっている多くの人たちと比べても、もう勝負にならないほどの人気があります。

先の中北さんいわく、お笑い芸人は年間3000組以上もデビューし、激しい競争のなかで生き残るのは1パーセントもいない世界だそうです。ほかの業界にもいえますが、**ひとつのキャリアパスだけに固執し続けると、あまりにコストパフォーマンスが悪くなってしまう**のです。

それよりも、**ひとりで複数のパーツを持てば、十分に夢や目標に向かって生きることができる**でしょう。埋没コスト化しつつある夢や目標を一度クリアにして、「選択肢」を多く持つようにする。

「あきらめたわけではない。アップグレードするんだ」というふうに、マインドを変えればいいいだけだと思います。

それまで夢や目標を追いかけていた経験は、ちがうかたちで必ず活かせます。

僕自身もエンジニアに固執していたら、いまのキャリアはありませんでした。でも、いまのキャリアをつくるうえで、エンジニアとしての経験はかなり重要だったととらえています。

コスト化した夢・目標を「やめる」②：
「後悔するかどうか」で決める

夢や目標を1回シフトチェンジし、アップグレードしていくために、僕がおすすめしたい判断基準があります。それが、**「後悔するかどうか」で決める**ことです。

やり続けて後悔しそうならやめておく。でも、やらずに後悔するのならやっておく。とてもシンプルな判断基準ではないでしょうか。

気をつけたいのは、**やって失敗して後悔するのではなく、失敗したら「反省すればいい」**ということ。

いっときの感情に流されて深夜にラーメンを食べてしまうと、やっぱり翌日反省しますよね。それでも、「あのラーメン最高においしかったな！」とポジティブに考えて後悔はしないという感じでしょうか。たしかに生活習慣は乱れたかもしれないけれど、人生は深夜のラーメン1杯ぶん、豊かになったのだと考えればいいのだと思います。

僕自身、気持ちを自由にして生きられるようになったのは、後悔しなくなったところにひとつのきっかけがあるのかもしれません。かつては、性格的に完璧主義の面があるため、なにかで失敗するとすごくへこんで落ち込んでいました。

でも、一つひとつのものごとに後悔することが減ってからは、人生の豊かさや満足度が確実に上がっている感じがします。どんなことも、後悔せずに「反省して学べばいい」ととらえているからです。

後悔することがなくなると、コストパフォーマンスがよくなります。とにかく次の行動へとすぐ移れるようになるので、ものごとをいつまでも引きずらないマインドをより養うことができるのです。

夢と目標の話に戻ると、もちろんひとつの夢だけを懸命に追いかけるのも、ひとつの手段です。はっきりいえば、後悔しなければそれでいい。結果的に夢を叶えられなくても、「僕の人生は最高だった！」と思えるなら、それでいい話なのだから。

でも、**いまなにかモヤモヤした気持ちを抱えて、「このまま進んでいくとまずいんじゃないか……」などと思っている人は、いまというタイミングを、自分をアップグレードさ**

せる絶好の機会ととらえてみてください。そしてこのまま突き進んで、自分が死ぬときに「後悔しないかどうか」を想像してください。

もし、少しでも後悔するかもしれないと思うなら、これまでやってきたことを否定せず、むしろ存分に活かすことを考えながら、新たな道を進むときです。

あれほどこだわっていた自分の夢や目標から、大いなるシフトチェンジをしていくときなのです。

コスト化した夢・目標を「やめる」③：才能はマッチングに過ぎない

夢や目標を考えるにあたり、みなさんは「才能」についてどのように考えていますか？「もともとうまくできること」「得意であり性格的にも向いていること」などと、様々な定義があると思います。

でも、ある人がなにかの「才能がある」といわれるとき、僕はその多くは単にマッチングの問題ではないかなと思っています。

たしかに、世の中には天才と呼ばれる人たちもいて、才能はとても重要なファクターであるように見えます。でも、その才能は、結局のところかなり偶然性に左右されるのもまた事実です。

たとえば、生まれ育った国や環境が異なれば、たとえ同じ才能を持っていたとしても、活かし方には大きな差が生じるでしょう。似たような環境でならして考えても、その才能が「どんな行動や振る舞いや、仕事などに紐づくのか」を自覚していなければ、あるいは誰かに気づかせてもらえる環境がなければ、才能を十全に活かすことはできません。

もっというと、**ある才能と「自分がやりたいこと」が紐づいていなければ、ただの「やらされる」行為になってしまいます。**才能とやりたいことが一致していればハッピーな状態ですが、実際はなかなかレアケースではないでしょうか。

そのため、誰かになにかの才能があるといわれたとしても、それが自分のやりたいことでなければ、僕はまわりがなにをいおうが気にする必要はないと考えます。

子どもの頃に、人前で歌を歌ったら「上手だね」といわれたとしましょう。「歌手を目指しなよ」と、まわりから強くすすめられるような環境です。

でも、自分が人前で歌うことをそれほどやりたいと思わないのなら、別にその生き方を選択しないのはもったいないことでもなんでもなく、「あのときやっておけばよかった」と後悔もしないと思います。

その意味では、**「自分がやりたいこと」を、自分で見つけられることは大切です。**

僕自身、自分の才能はどこかにあったのかもしれませんが、ほとんど気にしたことがありません。たとえば、文章を書くのはまずまず得意なほうだと感じますが、それは才能とは別物ととらえています。それはやる機会をいただいているから、頑張ってやっているだけで、別に才能があるからではないと考えます。チャンスをもらっているから、やっているだけなのです。

もちろん自分に向いているかもしれないけれど、「書く才能がある」というほうへ目を向けることはありません。むしろ、その行為のあり方や、アウトプットの質のほうにフォーカスします。

才能というのは案外どうでもいいことだと感じるのは、おそらく、いま僕が人から求められることが「自分のやりたいこと」に通じているからです。僕がなにより求めているのは、自分のアウトプットによって人がハッピーになること。これが僕の求めている世界観であり、根本的に「やりたいこと」なので、文章を書くこともそれゆえにやっているわけです。

仮に、「澤さん、君は経理の才能があるね」といわれても、僕はやりたいとは1ミリも思わないでしょう。そもそもできないからいわれないし、やらないわけですが……。

いずれにせよ、あまり自分の才能というものにこだわる必要はありません。「あなたってこういうこと向いているよね」「これやってみなよ！」といわれることは、一度ならずあると思います。

でも、**たとえなんらかの才能をほめられてそれが比較的得意だったとしても、やはり「自分がやりたいこと」を判断基準にしたほうが、後悔しないハッピーな人生を送れる**のだと僕は信じています。

第4章

「ありたい自分」になる

ありたい自分は「マイブーム」の先にある

ここまで、自分があたりまえに続けてきた思考や行動が埋没コスト化しないために、「やめる」ことの大切さを書いてきました。

一貫してお伝えしているのは、**過去の自分や、他人が決めたものさしに従って自分の価値観を変える必要はまったくない**ということです。「せっかく○○したんだから」といわれることに対して、自分の時間を使ってしまう思考や行動のあり方には、もっとも注意しなければなりません。

ほかにも、「いつか着るかもしれない」「いつか役立つかもしれない」といっても、その「いつか」はたいていやって来ません。**いつ来るかもわからないものに期待をかけるのではなく、「いま」なんらかの行動をしてみましょう。**

そして、もし行動ができないなら、「いまはちょっと放っておこう」と、軽やかに休止する感覚でいいのだと思います。

かくいう僕も、自分の意志ではじめたことを、自分の手で「やめる」ことが苦手な人間でした。「しばらく続けたけれど結局やめた」という経験は、これまでほとんどありません。これは一見いいことのように思えて、同時に、自分の「固執」や「成功体験」に〝埋没する〟危険性もはらんでいます。

ただ、現在は「休止状態」のものが少しずつ増えてきました。

たとえば、ずっと続けていた茶道はいま休んでいますが、動作などの知識は頭に入っていて、手元に道具もあるのでいつでも再開できる状態です。お茶を淹れる営みそのものは日常的な行為なので、茶道のエッセンスをなぞりながら、ふだんのお茶を淹れることはできます。その意味では、「続けている」といえなくもありません。

このように、**「いつか」をもっと自由に恣意的にとらえてもいい**と思います。

ほかにも、空手やスキーをずっと続けてきましたが、スキーは3シーズンまったく滑っていない状態です。3シーズン前の冬場にとても忙しくなり、出張なども重なって暇がなくなってしまったのです。さらに翌シーズンは、実家の都合と新型コロナウイルス感染症拡大が重なり、外出自体が難しくなってしまいました。

でも、スキーにしばらく行かなくなってわかったのは、別になにが起きることもなく、いつもどおり春がやって来ただけのことでした。だから、スキーについても「自分のペースでいつ再開してもいいや」と思っているところです。

ちなみに、スキーの正指導員は2年に1回研修を受けなければなりませんが、その資格を維持だけすることには、僕はそれほど価値がないと考えています。一般的に考えればもったいないのですが、公認団体の方針に少し納得できない面があり、納得できないことに時間とコストをかけるのは、いちばんくだらない。いまの時点で、自分の価値観に合わなくなったものは、惜しくもなんともないわけです。

ものごとを「続けられない」「3カ月くらいで飽きてしまう」と悩む人は多いですが、そんなときは、続けることの定義を自由に変えればいいと思います。

それこそ年1回を10年やっているなら、それは「続けている」といっていいのではないか？　という感覚です。毎週やることが続けるという定義ではなく、見えない常識やルールに縛られる必要はありません。自分で「続けている」と思えて、「自分のなかでまだやめていません」といえるのなら、それでいいではないですか。

「続けられない」といって自分を縛って苦しむのではなく、一時停止しているだけと、とらえ方をしなやかに変えていくのです。それはいつだって変化していいものであり、いわば「マイブーム」に忠実に生きてしまえばいいのです。

「いまの自分の価値観ではこれかな」と思ったならそれをやればいいし、変わったでシフトする。要は、答えはひとつではないということです。

既存の価値観や「こうあるべき」にとらわれず、多くの人がもっと自由に、マイブームに従って生きてほしいと思います。

いまの僕は「ぼけっとする」ことが幸せ。では、あなたの幸せは？

「なにかをしたい」「自分を変えたい」と思いながらも、誰かが決めた常識や考え方などに影響され、自分自身を縛ってしまう人はたくさんいます。でも僕は、**これからの時代に大切になる行動原理は、「いちばん幸せなところに身を置ける状態をつくる」ことだ**と見ています。

僕は、先に書いた海沿いの家にいったん行けば、ほぼなにもしないで過ごします。料理をつくって食事をする、海岸を散歩する、本を読むくらい。もちろん、しばらく滞在することもあるので、そのときはオンラインで仕事をしていますが、基本的にはぼけっとして過ごしています。

この、静かな田舎でぼけっとするのがポイント。空が広く、物音が少なく、海に行けばカモメとチドリしかいないような環境のなかで、生産性という意味ではかなり落ちるのかもしれませんが、とても幸せを感じるのです。

よく誤解されるのですが、家はいわゆる別荘というほどのものではありません。築十数年の、どこにでもあるような中古住宅です。相当な田舎ですから土地の値段もかなり安く、少しの蓄えさえあれば、多くの人も同じような選択ができるでしょう。

なにがいいたいのかというと、**「いちばん幸せなところに身を置ける状態をつくる」のは、やろうと思えば多くの人にとって十分に実現可能なことだし、個人の選択次第だ**ということ。僕はそこで過ごす時間を、自分にとって幸せな選択肢になると考えて、自分で選びました。

この**自分なりの幸せの選択肢をひとつでもいいから増やして、自分で「選ぶ」ことが、これからの時代にとても大切になる行動**だと感じています。

では、なぜ僕はそんな心境になったのか。それは先の山口周さんしかり、ここ数年いろいろな人と話すなかで、**「選択肢はもっと自由にあるんだ」と、より強く思うようになったから**です。

僕はよく、「いま所属している組織の評価だけでなく、外のものさしを持とう」といっているのですが、これにも通じています。

世の中にはいろいろな価値観がありますが、重要なのは学歴や肩書きや、どこの企業に勤めているかではない。そうではなく、**「自分がやりたいこと」や「自分が生きたいように生きていること」がなにより大切だ**ということを、この数年でより強く意識するようになったからです。

そうして「いま僕はどんな状態でありたいのかな」と考えていたら、海の近くにいるのがとてもいいアイデアのような気がしました。ビジョンを明確に描いたわけではなく、ただぼんやり思いはじめたのです。先に書いた、片岡義男さんの小説に描かれた風景も影響しているだろうし、ぼんやりした感覚や、無意識のなかの感情などがいろいろ絡み合って選択したのだと思います。

そして、「海の近くにいるのは、自分の人生で重要なテーマのような気がする」と思いながら実際に行ってみたら、やっぱりそのとおりだった。いつだって**「いちばん幸せなところに身を置こう」と考えていると、自分の幸せに関する直感もまた研ぎ澄まされていく**のかもしれません。

何歳になっても「あこがれ」を持ち続けること

自分の幸せにつながる「ぼんやりした感覚」とともに、**誰かに対する「あこがれ」**のような気持ちも活用することができます。

僕はずっと以前から、まわりにいる軽やかに行動している人たちを「かっこいいな」と、心のどこかでずっと思っていました。ただ1箇所にとどまるのではなく、いろいろな場所を飛びまわって様々な体験をしている人たちを見て、かっこいいなとあこがれていたと思うのです。

たとえば、僕の知人に前田ヒロさんというベンチャーキャピタリストがいます。彼はいま30代半ばですが、20代のころに『Forbes 30 Under 30 Asia』に選ばれるなどグローバルに活躍されています。とても頭が鋭い人なのに、偉ぶったところなんてまったくなく、人あたりがとてもいい面白い人です。

そんな彼は1週間アメリカにいて、翌週はシンガポールにいて、次はインド……と、毎週のように異なる国にいるような生活をずっと続けています。世界各地をまわってスタートアップの経営者と会い、必要に応じて投資することをずっと繰り返しているわけです。年齢は僕よりもずっと下ですが、そんな軽やかに生きる彼を見て「すごくかっこいいな」とずっと思っていました。

そんな彼と、ある日東京・恵比寿の路上でばったり出会ったことがあります。日本にほとんどいない彼が、僕の目の前で、いままさにタクシーに乗ろうとしている！　これは結構すごい確率です。「おお！　ヒロさん！」と僕が声をかけると、「あれ、どうしたの」という感じで、5分ほど立ち話をしました。

彼とは、沖縄の次世代リーダーを発掘するプロジェクト「Ryukyufrogs」のメンターとして、沖縄で会ったのがきっかけです。その頃ちょうど、次の「Ryukyufrogs」のイベントが迫っていたので、「今度沖縄行くの？」と聞くと、「いまちょっと忙しくて考えているところ」とのこと。「そうなんだ。じゃあ会えたら会おうね」といってそのときは別れました。

後日、彼は沖縄にやって来ました。

そこで、僕が「あ、来られたんだ！」といったら、「いや、この前すごい偶然、澤さんに会ったから、来ないわけにはいかないなと思って」と予定をなんとか調整したそうです。それを聞いて、僕はまたまた「かっこいいな」と思ったのでした。

マルチな拠点で多忙に働き、知り合いもたくさんいる人が、そのうちの誰かと偶然会っただけで、それをきっかけにして次に自分の体を置く場所を選択する。そんな軽やかさに、僕はずっとあこがれ続けているのです。

もちろん、定住型のスタイルがダメだといっているのではなく、僕自身は、**いろいろな場所で暮らしたり、多様なコミュニティーに属したりすることが人生を豊かにする**のではないかなと考えています。

ましていまは、パンデミックを経て移動が気軽にできない状態になりました。そんな時代にあらかじめ自分の拠点を複数持っておく選択は、きっと埋没コスト化を予防し、自由度をより高めてくれるはずです。

ぜひみなさんも、自分の直感やあこがれの気持ち、「こうありたい」という想いに、勇気を出して従ってみてください。いったんそのように動いてみると、視野が広がり思考がかなり変化します。

自分を窮屈にし、限界を決めてしまうような考え方を、徹底的に避けられるようになるはずです。

そしてより一層、**「自分で人生を選んでいる」という実感**を持てるようになっていきます。失敗しようが成功しようが、常に自分で軽やかに選んで生きることができれば、どんな人でもきっと幸せに生きることができると信じています。

僕は「他人からどう思われるか」をこうして捨ててきた

「ありたい自分」で生きるため、僕は「他人からどう思われるか」を、いつも意識して捨ててきました。

僕が若い頃にマイクロソフト社の大きな賞を取ったことは、比較的多くの人に知っていただいています。この賞は、全世界のマイクロソフト従業員のなかで卓越した社員にビル・ゲイツの名のもとに授与する「Chairman's Award」というもので、日本法人のエンジニア職としては、おそらく初の受賞だったようです。

この賞によって、人生の新しい道が拓かれたのは間違いありません。でも一方で、賞というのは他人に選んでもらった成功体験であり、あくまで自分が選んだものではないともいえます。

みなさんのなかには、すでに仕事で優れた賞や実績を得た人もいるでしょう。でも、「自分の力で取ったのだ」と過信してはいけないと僕は思います。それはあくまで与えられたものであり、ただのラッキーな出来事に過ぎません。それ以上でも以下でもなく、そのことを履き違えてはいけないのです。

アカデミー賞やグラミー賞を受賞した人は、よくスピーチでたくさんの人の名前を挙げて、「ありがとう、ありがとう」と感謝します。もちろん一定のテンプレートがあるのでしょうが、それ以上に、「みんな心からそう思っているんだろうな」と僕は感じます。

逆にいえば、「自分の実力だ」という受け取り方をしない人だからこそ、賞を取れたのではないでしょうか。

賞はあくまでも他者のものさしによって高く評価されたもので、他者から認められた「しるし」です。それ自体は誇りに思っていいですが、賞に自分のプライドを合わせてしまうと大きな間違いのもとになるでしょう。他者に対して自分のほうが上だとみなし、その証拠として賞や実績を使いはじめると、やがてそれに言及しないでは生きていけない状態へと成り下がります。

まさに、恐ろしいマインド面の埋没コストです。それらに頼れば頼るほど、自由な思考と行動力を失っていき、やがてゆがんだ価値観にしがみつくようになるでしょう。

僕はかつて賞を取った直後に、自分で希望して職掌（しょくしょう）を変えました。賞以前と同じフィールドにいたくなかったからです。そのとき上司がいってくれたのが、**「過去の自分を絶対に自分の部下に見せちゃダメだよ」**という言葉でした。僕自身もそう思っていましたが、あえて言語化して伝えてくれたのは、ありがたいことでした。

賞や実績を得た人間が、自分の過去を使ったり、なんとなく匂わせたりしはじめると、いずれ必ず「俺が若い頃はな」「俺にいわせりゃな」「俺がやるとしたならな」というような言動をする状態になります。

結果、まわりの人は本音を見せないようになり、人心がどんどん離れていくでしょう。自分が得た賞や、頑張って達成した実績など、そんな過去は持ち出す価値などまったくないのです。まわりが勝手に意識する場合もあるので、より一層自分で気をつけて、そんなものは1ミリも持ち出さないように意識しなければなりません。

「他人からどう思われるか」という観点は、他人の評価はもとより、そもそも他人の存在自体が移り変わるため、永続的に変わらず続くものではありません。そんなあてにならないものに頼って、自分を振りまわす必要なんてありませんよね。

それよりも、「自分は10年後にどうなっていたいか」を考えるほうが、よほど健全で賢い考え方ではないでしょうか。語学を身につけてもいいし、筋肉をつけてボディメイクをしてもいいし、洗練された外見を心がけてもいいし、なんだっていいのです。自分がコントロールできることに集中し、いつだって自分を磨いて、自分を内側から変えていく。

たとえ世界的に認められようが、他者のものさしではなく、あくまでも自分が「ありたい」と思うかたちに近づくために努力すればいいのでしょう。

働くのは、「ありたい自分」になるための手段

みなさんのなかにも、転職や独立を考えている人はいると思います。

でも、自分が属する会社の論理でしか動いたことがない人は、たとえ独立を果たしてもその後に厳しい現実が待っています。**ある特定の価値観に即して生きるのと、多様な価値観を尊重しフラットな立場で生きるのとは、まったくイコールではない**からです。

価値の測り方は、それこそ様々な国や文化や組織によってまったく異なります。たとえ

ば、男性の外見の美しさの基準ひとつとっても、がっしりしたビルドアップされた肉体が美しいとする文化もあれば、恰幅（かっぷく）がいいおじさん体型のほうが男らしいとする文化もあります。ときと場所によって、価値観はまったく異なるわけです。

そんな「ちがうものがある」という事実を、まず知っておくことがとても大切。そして価値観というものは、案外いい加減なものであるということも。

これは組織に属している状態でも、ふだんから自分とは異なる価値観を持つ人たちと日常的に関わり合っていれば、ふつうに理解できることでしょう。そこで、**組織にいる時点から、社外の様々な価値観を持った人とたくさん会って、できれば一緒に活動する**といいと思います。そこで少しずつ存在感を発揮できるようになれば、やがて「A社の誰々」という認識はされなくなっていきます。

そうなると、転職だろうと独立だろうと、もはや誤差でしかありません。

僕の場合であれば、「マイクロソフトの業務執行役員に会いたいですか？」というかたちで僕を紹介する人は、最終的にはひとりもいなくなっていました。

「澤という人がいて、その人はＧＡＦＡのどこかに勤めて……あれ、ちがったっけ？」「この人が澤さんだよ。たしかどこかでサラリーマンもやっているらしいけど……」と、割にいい加減な状態で紹介されていました。認知のされ方としては最高にうれしいかたちだと、いまでも思っています。

だから、会社をつくるために法人登記はしたものの、僕は起業したつもりもありません。組織に所属するのをやめて、より多くの人たちをサポートすることにもっと「時間」を使いたくなっただけです。このように考えれば、組織に属していようがいまいが、どんな人も個人の働き方についてひとつの結論に達することになるでしょう。

それは、**「ありたい自分」に正直になるためにこそ、あなたは働く**ということです。

劣等感の強い人こそ、「他人をほめて」ほしいわけ

「ありたい自分」に近づくためには、「選択肢は無限にある」というマインドを意識して持ちましょう。**あなたがなにかをできないのは、おそらく「やっていないだけ」です。あるいは、数回の失敗で自信をなくしてしまっているだけ**なのです。

やっかいな「劣等感」を抱えていると、なにをはじめるにも恐怖ばかりが先立ってしまい、なかなか「ありたい自分」に向かっていけません。

そこで、そんな覚えがある人は、まず自分のことをほめてくれる人を見つけてください。「いいね！」「すごいね！」といってくれる人を、身のまわりに増やしていきましょう。どうすればいいかというと、自分が同じように誰かをほめることで、自分にも寄ってきてもらえばいいのです。

とにかく、いろいろな人をほめまくってみてください。

「いいねー、すごいね！」
「あなたってイケてるね！」

そのようにまわりの人にいいまくっていると、「この人、わたしにこんないい反応をしてくれるんだ」となって、たくさんの人が自然に寄ってきてくれます。理想的には、これをみんなでやり合えたなら、間違いなくみんながハッピーになって、いつしか誰もが劣等感なく動けるようになれるはずです。

実は僕の妻が、かつて僕に対してこれを行ったことがあります。僕はずっと劣等感の塊(かたまり)だったので、「試しにほめ続けてみたらこの人はどうなるのだろう？」と実験していたらしいのです。その結果、僕はとてもいい状態に変われたので、自分の体験からも効果がある方法だと確信しています（ちなみに、いまでもことあるごとに妻は僕をほめてくれます。なんとありがたい！）。

劣等感といったちょっとやっかいな感情も、自分発信の行動によって、いくらでも変えていけるのです。

あとは、とにかく打席に立て！

ハーバード・ビジネス・スクールで実践される教育には、**「Knowing（知識を得ること）」「Doing（実践すること）」「Being（自分が何者であるかを知ること）」**という有名なフレームワークがあります。

かつての時代は、とにかく「Knowing」にコスト（時間と手間）がかかったので、ある知識に詳しい人や、その情報に触れるためのノウハウを知ることにかなりの労力が必要でした。

でも現在では、検索すればわずか0・数秒で知識を得ることができます。魚のさばき方を知りたければ、むかしは料理教室に通うか誰かに弟子入りしなければならなかったのが、いまはネットを見ればいくらでも動画が出てきます。「こうやって包丁を入れたらいいのか」「意外と簡単にできるな」と知ることができますよね。

つまり、**「Knowing」のコストが劇的に下がり、やろうと思い立ったらなんでもやれる状態になっている**ということです。しかも、高額な投資をせずとも、シェアリングでいろいろなものが手に入るし、ECサイトであらゆる必要なものが即日で届きます。

「Knowing」のコストダウンに伴って、「Doing」もまたものすごくコストが下がっているわけで、あとは「自分はこうありたい」というビジョンを決めて、**とにかく試行錯誤で「Doing」していい時代**になったということです。

もちろん、いろいろな「Doing」ができるというだけで、別にたくさん「Doing」をしなければいけないわけではありません。あえてひとつのことにひたすら打ち込むのなら、それはそれでひとつのあり方です。それが自分の「ありたい姿」なら、そのまま思いきって生きればいいでしょう。

もしそれが本当にやりたいことであれば、「いまの時代に合うかどうか」といった問題は、人によってはどうでもいい話なのだと思います。

たとえば、自給自足の生活をするのが「自分のありたい姿」や自分の幸せのあり方と一致していると思うなら、いまの時代はそれを選ぶことだってできます。世界には、完全に文明と切り離された状態で、7年間も森のなかで暮らすカップルだっています（2018年1月6日、7日「クーリエ・ジャポン」）。

ふたりは、記事公開時点では63歳と33歳の夫婦で、ブルガリアの森に暮らしています。この生活をはじめる前に、ニュージーランドでトレッキングや救急治療、狩猟採集について学び、様々な訓練を重ねました。そしていまでは、夜の暗闇でもまわりが見えるようになり、肉などの食糧は罠を仕掛けたり、弓矢で仕留めたりして得ているそうです。

ですが、ふたりは別に原始時代の生活が理想だといっているのではなく、現代社会と自由に行き来できるライフスタイルを求めているといいます。そのためときどき森を出て、必要最低限のものを調達し、また森へと帰っていく暮らし方をしているそうです。

こんなライフスタイルも数十年前は命がけでしたが、いまはECサイトなどで準備すれば、しばらく安全に生活できる装備はすべて手に入ります。

本当に、選択次第なのです。

あなたの自由な選択によって、あなたの「ありたい姿」がかたちづくられていく――。

そんな時代になりました。「Being」に到達するための「Knowing」「Doing」の敷居はかなり下がっています。

だからこそ、まず**「打席に立つこと」**です。

せっかくの自分の「Doing」を、ほかの人の思考や常識や、時代やまわりの雰囲気などを気にして選んでしまうと、かえってしんどくなってしまいます。

あくまでも、あなたはどのように生きたいのかが重要なのです。

本当はなにがしたいのか?

「ありたい自分」に従って、人生の道を自分でひとつずつ選んでいきましょう。

いまやりたいことに、正直に

僕がいま大事にしているのは、**「いまやりたいことに正直に生きる」**ことです。

なぜなら、いま目の前にある状態が、そのまま5年後、10年後も続くわけではないからです。こんなあたりまえのことは、あえていうほどのことではないかもしれませんが、それでも、実に多くの人が夢や目標や事業計画などにいつの間にか縛られている現実があるようです。

僕はこれまで、年初などに目標を立てたことがありません。もちろん目標を決めて、しっかり逆算して取り組む人を否定するつもりはありませんが、時々ふと思うことがあります。

「5年前に明確な目標や道筋を定義していた人は、いまの世の中をどう見ているのだろう？」

おそらくまったく予想とちがう世界が、目の前に広がっているのではないでしょうか。

「5年後に世界中を飛びまわるビジネスパーソンになる」と目標を決めていたとしても、

パンデミックによってそもそも飛びまわれない世界になりました。そう考えると、目標や計画というのは、あまりあてにならないものだといえそうです。

フレキシビリティを折り込んで、計画はどんどん変わるものだと考えるならいいですが、「決めたからには必ずそれを達成する」と考えてしまうと、決めたことをやることが目的化してしまいます。

「今日という日は再び来ない」「いま一瞬を生きろ」などと、極端なことをいいたいわけではありません。ただ、「いまやりたいことを5年後のために我慢する毎日は楽しいですか？」とは、多くのビジネスパーソンに問いたい。

5年後に「あのときもっとあれをやっておけばよかった」と後悔するくらいなら、それを「いま」楽しんでおけばいいよと伝えたい。

そして、「いまやりたいこと」に忠実に生きるには、「やってから考える」こと。実に多くの人が、やる前にいろいろと考えて、勝手に結論づけてあきらめてしまっています。

そうではなく、**大切なのは「やり方」**なのです。

まずはやってみて、そこから試行錯誤していけば、たいていの場合うまい方法がやがて見つかります。実際、僕が海沿いに住んだのは、まさにそのときの「いまやりたいこと」だったからです。そこで、思い立ったら吉日ですぐやってみようなり、いまとは別の場所に1週間ほどレンタルで住んでみました。

詳しくは省きますが、そのときはいろいろトラブルが重なり、おかげで「海沿いの家に住むとはどういうことか」「どんな場所を選べばいいのか」など、貴重な気づきを得ることができたのです。その後も、不動産関連で驚くようなトラブルに見舞われています。そんな試行錯誤の体験の果てに、ようやくいまの海沿いの家があります。

実際に「いまやりたいことに正直に生きる」ことで、案外ベストに近いやり方を見出せることは多いものです。ぜひ、そのことを多くの人に知ってほしいと思います。

「フラットに接する」は最強の切り札

もうひとつ、僕が事務所として使っている都内の物件についてのエピソードを紹介します。自宅からほど近く、かつ超駅近の素晴らしい物件を契約できたのですが、これは知り合いに仲のいい不動産屋さんがいたからです。仲がいいといっても、なにか意図があって仲良くなったわけではありません。何年も前に、犬の散歩をしているときに出会った「犬仲間」でした。

ふと「そういえばあの人、不動産屋さんだったな」と思い出して、「覚えていますか？あの犬を連れていた人間ですけど」と連絡したら、「もちろん覚えていますよ」と応えてくれました。そして、「あなたの人となりはわかっているから、どこにも出していない物件を交渉してみますよ」といってくれたのです。

僕の話を聞いて、「澤さんはそんな『たまたま』が多いね」とよくいわれます。でも、本当になんの仕込みもなければ、打算で動いているわけでもありません。ただ、ふだんからどんな人とでもフラットに接しているというだけです。

でも、このフラットなコミュニケーションができない人が、かなり多いと感じます。たとえば、タクシーにひとりで乗って嫌な思いをした女性は、僕のまわりではほぼ100％です。乗った途端に「で、どこ行くの？」と苛立った声で応対されたり、逆に妙に馴れ馴れしくされたりと、男性に対してやらない言動を、相手が女性だとしてしまうわけです。誤解のないようにいうと、それは一部のタクシー運転手だけでしょう。ですが、これがまさに、人とフラットに接することができない典型です。

外国人というだけでぞんざいに扱われることもあります。僕の友だちには、肌や目、髪の色が日本人とはちがったり、背がとても高かったりする、日本生まれ日本育ちのハーフが何人もいますが、彼ら彼女たちは、なにもしていないのに上から目線で接されたり、逆にすごく警戒されたりした経験があるといいます。あきらかに「偏見」や「先入観」に埋もれてしまっていて、これもまたフラットではない状態です（これは世界中で起きていることですよね）。

結論からいえば、**人とフラットに接しないで、結果的にいいことはなにもありません。逆にいえば、自分がフラットにしておけば、少なくとも悪いことは起きず、いいことが起きる確率が上がっていきます。**「たまたま」が、いいほうへ転がりやすくなるのです。

僕のやり方が正しいという意味ではなく、あくまでこれは結果論です。

僕は人によっていちいち態度を変えるのが面倒なので、以前から誰とでもフラットに接していました。すると、いい出会いや出来事も自然とたくさん起きるようになったのです。古い価値観を持った年配の方々からは、僕はあまり好かれないようです。「こいつはなぜ（大企業に勤めるわたしを）リスペクトしないんだ」という態度をあからさまに出してくる人もいます。僕からすると、「リスペクトしない理由はそういうところだよ」というのが答えなのですが……。

フラットなコミュニケーションは、僕が大切にしている「個」として生きる、生き方に通じています。そして、この「個」として生きる力は、決して社会を「ひとりで生き抜く力」という意味ではありません。

僕は2020年8月に『個人力　やりたいことにわがままになるニューノーマルの働き方』（プレジデント社）という本を書きましたが、そこで提唱した「個人力」とは、**多様な人たちと助け合いながら、楽しく生きていくための力**と定義しました。

そして、その**「個人力」を身につける過程は、本当に「ありたい自分」を確立していく過程そのもの**です。

誰もがみんな「個」として生きていて、お互いの自由を認めあい、上から目線で人を怒

ったり苛立ったりするのではなく、下からこびへつらうのでもなく、みんながフラットにリスペクトし合えばいい。

意見がぶつかれば、お互いにまず話を聞き、相手を理解しようとすればいい。

そんな態度がこれからの時代のメインストリームになる予感と期待があるし、フラットな行動の積み重ねの結果として、いまの僕もあるのです。

自分史上最高の「新しさ」を探そう

いま世の中が大きく変わりつつある真っ最中ですが、そのなかで、僕たちはそれぞれ自分史上最高の「新しさ」を探していけばいいと思います。なにをもって「新しさ」とするかはそれぞれの定義次第ですが、**これまでの自分がやったことがない新しい体験を求めることに、もっと積極的に正直になるといい**のではないでしょうか。

実際にやるかどうかはさておき、九十九里に家があるという好条件を活かして、僕はもしかしたらサーフィンに挑戦するかもしれません（もちろん挑戦しないかもしれませんが）。波乗りというものは太古のむかしからありますが、僕にとってはまったく新しい体験。こうした**自分史上の「新しさ」を、どんどん楽しんでいけばいい**と思うのです。**世の中に登場して間もない技術や考え方を知るというかたちで、「新しさ」を求めるのもいい**でしょう。新しいということはまだ誰も知らないことなので、希少価値が高い状態だからです。そんな「新しさ」に価値を見出すのも、ひとつのやり方だと思います。

考えてみれば、**いまの世の中の状態を「掛け合わせ」でとらえると、なにもかもが新しい状態**ともいえます。どういうことかというと、パンデミックによって全世界が制約を受けている状態は、まさにほとんどの人間にとってはじめての体験であり、まだ時間もあまり経っていないからです。

ということは、「パンデミック（による制約）×（かける）○○」と掛け合わせて考えれば、多くは生まれて間もない新体験でありアイデアとならないでしょうか？

いまのネガティブなタイミングでも、「新しさ」をまとうことは工夫次第でできます。

自分がコントロールできないことに意識を向けても、仕方がありません。自分がコントロールできるところで、いろいろなトライをする。制約条件があるなら、その制約条件のなかでいろいろなことに挑戦すればいい。そのなかで**「わたしはこれをやりたいんだ」と**

思えるものがあるなら、それをバカ正直にやることが大切です。

それが、自分史上最高の「新しさ」をつくっていきます。

すべては、自分が「個」として生きるという部分につながっています。

僕もあなたも、それ以上でもそれ以下でもない。**常識とか社会通念とか、「いま世の中がこうなっているから」という思考は、すべて自分の外にある評価に合わせたものに過ぎません。**

そんなものよりも大事にしたいのは、**「あなた自身がどう思うか」という視点であり、「ありたい自分」へ向かうためのたゆまぬ実践**なのです。

僕がいま、20代の自分に伝えたいこと

自分という存在を突き詰めながら、同時にフラットな関係性を持って生きていると、必然的に自分が生きる社会にも目が向くようになっていきます。

ただ、僕は以前からよくいっているのですが、「すべての仕事は社会貢献だ」と考えて

います。「社会貢献をしよう」と肩肘を張らなくても、目の前の仕事に取り組むことが、そのまま社会のために役立っているととらえているからです。

そのなかで、いまライフワークとして、僕のなかで大きくなっているのが教育のフィールドです。以前より琉球大学の客員教授をやらせていただいていますが、新たに武蔵野大学でも専任教員をはじめました。また、地方などで講演を依頼されたときは、中高生を集めたラウンドテーブルを企画してもらうなど、できる限り多感な年齢の人たちに会う機会をつくっています。

そこで僕が伝えているのは、まさに僕自身が学生の頃に伝えてほしかったことです。

「いろいろな生き方をしていい。親や学校からはいろいろいわれるかもしれないけれど、自分のありたいように生きていいんだよ」

そんなメッセージです。

若い世代が持ちがちな画一的な大人像を壊して、彼ら彼女らが将来を考えるときに少しでも幅広い選択肢を検討できるような、そんな「引っ掛かり」を残しておきたい気持ちでやっています。

世の中は本質的に不透明なものですが、災害などをのぞくと、この国では比較的変化が少ない時代が長く続いた面があり、多くの人は「世の中ってこのくらいのもの」という、なにかしらのぼんやりした共通認識があったように思えます。

でも、それがパンデミックにより根本的にひっくり返されて、本来の不透明な状態を、いま僕たちは目のあたりにしている。そんな状態であっても、**常に変わらないのは、まさに「自分がここで生きている」という事実**です。

自分がこれから「どこへ向かうのか」を考えるとき、なにか大きな流れに流されていくのか、それとも自分が進みたい方向へ、もがくなり暴れるなりして歩いていくのか――。**自分がやりたいことに忠実になり、その選択を自分ですることができるかどうかが、いまもっとも問われています。**

そのためには、やはり「自分が生き方を選ぶのだ」「自分が主体的に選ぶものなのだ」という価値観を、まず自分で理解しておくことが必要です。

そして、**自分にそれを許してあげる**こと。

自分に対して、「ほかの人からこう思われたらどうするんだ？」などと、自分を問い詰めてはいけないということです。

それでは、あなた自身が幸せに生きられないからです。

他人の考えを軸にするのは「やめる」

僕がいま幸せを感じるのは、先に書いたように、海沿いの家であまり仕事を詰め込まないようにして、静かに過ごしている時間です。情報量が極端に少ない空間で過ごしながら思考がクリアになった状態で、集中的な「Doing」へ向かっていくサイクルをまわしていくこと。

そうして、自分なりの「Being」という状態を見出していくこと。

僕は誰かと同じことを、どこか同じ場所に閉じ込められてやるのが死ぬほど苦痛なタイプです。だから、それを選ばなくていい状態が僕にとってはとても快適であり、自分が何者であるかを知ることができる理想的な状態なのです。

いまは、一つひとつの「Doing」がとてもやりやすい時代です。ならば、「小さい挑戦をどんどん重ねよう」「小さなひと振りを続けていこう」と考えると、人によってそれはそれでしんどいときもあるかもしれない。そんなときに、いわば**少し気を抜くような、自分を解放する時間を持つ**のは、とても大切なポイントになる気がします。

オフィスに行って、みんながわいわいやっている場所で働くのが好きという価値観でも、僕はまったく構わないと思います。ただし、別にそれを選ばなくてもいい。まわりがどうなのかは別にして、**あくまで「自分で選ぶ」ことができるのが、幸せな生き方**ではないかなと思います。

もういい加減、他人の考えに合わせるのは「やめる」。

そんな選択を、多くの人にどんどん試してもらいたいし、それが一人ひとりの幸せにつながっていくと信じています。

時代は常に不透明だからこそ、最終的には自分に戻っていくしかありません。本書では「埋没コスト」をキーワードに多くのメッセージをお伝えしましたが、「ずっと続けてきたのだから」というマインドを、そろそろみんなでやめませんか？

続けるという行為は大事かもしれないけれど、そこに「無理して」「我慢して」「やみくもに」というものがついた瞬間に、意味合いがまったく変わります。それこそ皆勤賞を尊ぶカルチャーにおいては、風邪をひいてもなにがあっても、学校や会社に行くことが讃えられる「頑張り」とされました。でも、パンデミックを経たいまの世の中では、そんな行為は愚の骨頂ではないですか。

継続が持つパワーは、僕自身も体験してきたことなのでわかっているつもりです。でも、**継続というのは、「中断してはならない」ということではありません。**

別に休んだって構わないのです。

いったん休むと、以前の状態を取り戻すのに少し時間はかかるかもしれませんが、**その回復期を楽しむことだって、みなさんは自分の意志でできるはずです。**

組織にいると、どうしても「上からいわれたら従うしかない」となるかもしれませんが、はっきりしているのは、上司がいうことが正しいわけではないということです。これまで続けてきた常識やルール、成功体験……。そんな自分が頑張って続けてきた過去に縛られ、埋没コストで自分を追い詰めていては本当にもったいない。

自分の幸せや「ありたい自分」に正直に生きることを目指して、そして自分のペースで、休み休み進んでいけばいいのです。

決めつけや思い込みで、自分で視界を狭めるのを「やめる」

自分の好きなものや、大切なものと一緒に生きていくために、最近の僕は「広い」というキーワードをとても意識しています。

部屋が広い、視界が広い、見上げた空が広い……。物理的に視界が開ける状態によって、思考までとても自由になることを体感している毎日です。**視野が広くなるというのは、結果的に自分が幸せになるための大事な要素**だと感じるのです。

別に田舎に住まずとも、論理的に視界を解放することはできるでしょう。**自分が属する組織の狭い価値観のなかで考えるのではなく、できる限り「外のものさし」を持つ**ようにする。そういった、まったくちがう視点でものごとをとらえることで、自分の視野をどんどん広げることができます。

僕がいま住んでいる東京の自宅も、あまりモノを置かないようにして、すっきりした視界が良好な状態にしています。それでも都会は情報量が多いのですが、プライベートではたいていリラックスして過ごし、なるべく自分をハッピーな状態に置くことを心がけています。

あらゆる埋没コストから自分を解放することで、マインドの広さと自由を確保できます。人とフラットに接するのを心がけることで、人間関係にも広がりが生まれます。

世界はすごく「広い」――。物理的に世界を自由に飛びまわるのは、まだなかなか難しいかもしれないけれど、あらゆる常識やルールや成功体験から思考を解き放ち、まったく異なる価値観を持つ人たちと触れ合って自分の世界を広げていくことは、いつだって誰にだってできると僕は信じています。

視界を広げて生きていこう。

そして、それをどんどん行動に変えていこう。

その先には「ありたい自分」で生きるという、素晴らしく豊かな時間と体験が待っています。

おわりに　自分が思う道を進め

本書をお読みいただき、ありがとうございました。

本書執筆中の現在、一時に比べて改善に向かっているとはいえ、世界はいまだ新型コロナウイルスによるパンデミックの只中にあります。

これまでのビジネス慣行やビジネスモデルはいうに及ばず、社会を支える根本的な構造や個々人のライフスタイルが、まさに強制的なかたちでリセットされました。次なる正解のない時代へと向かう歯車が、はっきりとまわったのです。

そうした状況下で、いまの生活や将来について不安を抱える人はたくさんいると思います。実際に苦境に陥ったり、人生の大きな決断を下したりした人もいることでしょう。本書では、そんな日々の仕事や生活を懸命に頑張っている人たちに向けて、人生を根本的に、かつよりよく変化させていくための手がかりを記しました。

なかでも、「埋没コスト」は本書の重要なキーワードです。いつの間にかあなたにのしかかり、あなたの頑張りを無意味なものに変えてしまう思考。固執すればするほど、蟻地(ありじ)

おわりに

獄（ごく）のように状況をさらに悪化させていく行動――。そんな、誰もが気づかないうちに抱えている「人生のコスト」をなくすための考え方と、具体的方法を本書で示しました。

あなたにとって、もはや必要のないことを「やめる」。それにより、あなたの視界は確実に開けていきます。時代がどれほど変動しても、自分がコントロールできて、かつ重要なものに集中することで、自分の力で人生を切り拓くことができます。そして、本当に「ありたい自分」へと近づいていけます。

すべての力の源泉は、あなたのなかにもう用意されているのです。

誰に評価される必要もなく、ただシンプルに力強く、自分が思う道を進んでいくこと。

その道の先にある「豊かな人生」を、あなたが手に入れることを願っています。

最後に、この本の出版にあたって、ポンコツな僕を粘り強くサポートしてくださった日経ＢＰの宮本さん、いつも僕を盛り立て自信を与えてくださるプロデューサーの岩川さん、僕の分身となって素敵な言葉を紡いでくれるライターの辻本さん、そして、一番近くでずっと見守ってくれる妻の奈緒さん、本当にありがとうございます。心から感謝しています。

2021年7月　澤 円

澤 円 Madoka Sawa

元日本マイクロソフト業務執行役員。株式会社圓窓代表取締役。

立教大学経済学部卒業後、生命保険会社のIT子会社を経て1997年にマイクロソフト(現・日本マイクロソフト)に入社。情報コンサルタント、プリセールスSE、競合対策専門営業チームマネージャー、クラウドプラットフォーム営業本部長などを歴任し、2011年にマイクロソフトテクノロジーセンターセンター長に就任。業務執行役員を経て、2020年に退社。

2006年には、世界中のマイクロソフト社員のなかで卓越した社員にのみビル・ゲイツ氏が授与する「Chairman's Award」を受賞した。現在は、自身の法人の代表を務めながら、琉球大学客員教授、武蔵野大学専任教員の他にも、スタートアップ企業の顧問やNPOのメンター、またはセミナー・講演活動を行うなど幅広く活躍中。2020年3月より、日立製作所の「Lumada Innovation Evangelist」としての活動も開始。

著書に『マイクロソフト伝説マネジャーの世界No.1プレゼン術』(ダイヤモンド社)、『個人力 やりたいことにわがままになるニューノーマルの働き方』(プレジデント社)、『「疑う」からはじめる。これからの時代を生き抜く思考・行動の源泉』(アスコム)、伊藤羊一氏との共著に『未来を創るプレゼン 最高の「表現力」と「伝え方」』(プレジデント社)。監修に『Study Hack! 最速で「本当に使えるビジネススキル」を手に入れる』(KADOKAWA)などがある。

「やめる」という選択

2021年7月20日　第1版　第1刷発行

著者	澤 円
発行者	村上広樹
発行	日経BP
発売	日経BPマーケティング 〒105-8308　東京都港区虎ノ門4-3-12 https://www.nikkeibp.co.jp/books/
デザイン	mika
イラスト	白井 匠
編集協力	岩川 悟(合同会社スリップストリーム)、辻本圭介
編集	宮本沙織
制作	キャップス
印刷・製本	図書印刷株式会社

本書籍に関するお問い合わせ、ご連絡は下記にて承ります。
https://nkbp.jp/booksQA

ISBN 978-4-296-00028-9 Printed in Japan